알기 쉬운

연금학

성주호 · 강영선 · 민주영
박준범 · 정도영

法 文 社

머리말

    선진국 반열에 오르고 노후생활 복지를 논하는 일체의 과정속에 연금(pen-sion)은 국민적 관심사로 급부상하였다. 약 800조에 달하는 사우디아라비아 국부펀드가 심지어 골프, 축구 등 스포츠계에 지대한 영향력을 행사하는 것처럼 우리나라의 국민연금 기금 또한 국내외 자본시장에 미치는 영향력 또한 상당하다. 장기적으로 그리고 정기적으로 기금이 축적되고 배분되는 금융제도가 연금제도이며 산업화 과정을 거쳐 선진국을 중심으로 국가 경제의 한 축으로 발전하였다. 이에 따라 연금을 다루는 학문 또한 연금경제학, 연금수리학, 연금재무학 등으로 세분화 되어 그 학문적 가치를 더하고 있다. 하지만 이러한 각론적 접근은 누구나 쉽게 연금을 체계적으로 이해할 수 있는 기본서의 부재로 나타나고 있어 이를 보완하고자 본서를 발간하게 되었다. 일면, 미시경제학, 거시경제학, 화폐금융론 등 경제학 각론 공부에 앞서 경제학 원론을 먼저 접하면서 경제학에 학문적 관심을 갖게 되는 것처럼, 많은 후학들이 본서(알기 쉬운 연금학)를 통해 연금학에 관심을 가지고 더 나아가 학문적 성취로 발전하기를 바란다.

    본서는 총 8장으로 구성되어 있다.

    제1장에서는 연금제도의 탄생 배경, 의의 및 발달 과정에 대해 알아본다.

    제2장에서는 우리 사회가 직면하는 문제 중 하나인 평균수명의 연장 등에 따른 고령화로 인해 발생하는 문제점과 해결방안 중 하나인 연금제도의 개요에 대해 기술하였다.

    제3장 및 제4장에서는 은퇴 이후를 준비하기 위해 우리 사회가 제공하는 다층연금제도를 학습한다.

    제5장에서는 고령화로 인해 파생한 실버경제의 현황과 전망 및 연금과 관련된 실버금융을 소개하였다.

제6장에서는 연금 재원의 조달 방식과 함께 조달한 자금의 자산운용에 대해 학습한다.

제7장 은퇴와 연금설계에서는 빨라진 퇴직의 은퇴에 대한 부정적 인식에 대해 지적하고 연금 설계의 5단계를와 행복한 은퇴를 위한 5가지 생활 설계에 대해 설명했다.

제8장에서는 연금제도의 발전 과정에서 나타나는 지속가능성 문제를 살펴보고, 연금제도의 개혁 과정 및 미래의 발전 방향에 대해 살펴 본다.

이 책은 출간되기까지 상당한 준비 작업이 선행되었다. 원론은 원론다워야 한다는 중압감이 상당하였다. 책에 담을 내용의 범위와 수준을 전체적으로 조정하고 또한 각 장별로 내용의 일관성을 유지하는 데 시간과 노력을 투여하였다.

끝으로, 본서의 저자들은 모두 KPRG(경희대학교 연금금융전공 석박사 연구모임) 소속으로, 연금학의 발전과 연금산업 성장의 최선단에서 활동하고 있는 이론과 실무를 겸비한 전문가들이다. 아울러 이 책이 나오기까지 교정과정을 섬세하게 수행해 주신 법문사 임직원 모든 분께 감사의 말씀을 드린다.

2024년

저자 일동

차례

4

CHAPTER

우리나라 다층연금제도 2

차례

5
CHAPTER

고령화의 경제학

차례

8 CHAPTER

어떻게 연금제도를 개선할 것인가?

알기 쉬운 연금학

들어가며...연금이란?

    국민의 안정적 노후 생활을 위한 보편적 사회경제제도가 바로 연금제도이다. 연금제도가 생겨난 배경은 18세기 산업혁명이다. 산업혁명 이후 많은 노동자들이 공장에서 일하기 시작했고 공장에서 일해 받은 수입이 주된 삶의 수단이 됐다. 하지만 질병이나 사고 등으로 더 이상 일하지 못하게 되면 바로 빈곤의 나락으로 떨어질 수밖에 없었다. 기업들은 노동의 효율성을 이유로 퇴직 제도를 도입하여 근로자가 일정 연령이 되면 일을 계속 할 수 있더라도 회사에서 퇴출시키기 시작했다. 미리 준비해둔 돈도 없는 상태에서 대부분의 사람들은 기본적인 생활조차 유지하기 힘들었다. 하루 하루 버겁게 살다보니 미처 퇴직 이후의 생활에 대비할 여유조차 없었다. 산업화와 함께 발전된 공업도시로 많은 소작농들이 일거리를 찾아 이주하면서 대가족 중심의 가족 체계는 빠르게 핵가족으로 변모하였다. 과거처럼 이웃이나 가족 등의 공동체 도움을 기대할 수 없었다. 더욱이 질병이나 장애, 노령, 실업 등과 같은 생활 위기 상황에 처한 노동자들은 더 극심한 생계의 어려움을 겪게 되었다.

    결국 산업혁명으로 촉발된 산업화는 산업자본이라는 성장의 동력을 형성한 이면에 자본의 어두운 부작용을 만들었다. 이러한 변혁기에 노동자계층의 사회경제적 불만을 해소하려는 정부 차원의 새로운 시도가 시작됐다. 바로 독일제국 건국의 주역인 오토 폰 비스마르크(Otto von Bismarck: 1815~1898년, 1871년에 독일 초대 국가수상에 임명됨)에 의한 사회보장 입법이다. 1883년 의료보장(오늘날의 국민연금보험), 1884년 산재보장(오늘날의 산업재해보장보험), 1889년 연금보장(오늘날의 국민연금보험) 등을 순차적으로 시행했다. 오늘날의 4대 사회보장(사회보험) 중에서 실업보장(1927년에 도입된 오늘날의 고용보험)을 제외한 나머지 3개를 비스마르크 체제에서 처음으로 도입하였다. 늙거나(연금보장) 병들거나(의료보장) 혹은 산업현장에서 다치거나 사망할 경우(산업보장) 본인과 가족의 생활을 국가가 적극적으로 보장하겠다는 취지였다. 이러한 사회보장 입법은 사회의 빈곤 문제가 개인의 책임이 아니라 국가의 책임임을 분명히 했다는 데 커다란 의미가 있다. 종전의 국가적 빈곤 대책은 빈곤 상태에 놓여 있을 때 혜택을 주는 미미한 수준의 시혜적 형태에 머물렀다. 오히려 종교단체에 의한 구휼제도가 실제적으로 널리 확산되어 있었다. 독일의 사회보장 입법은 약정한 보험료를 납부하면 약정된 보험급여가 제공되는 사회보험체제로 발전하는 첫 시발점으로 평가할 수 있다. 비스마르크에 의한 국가 주도의 노후보장정책은 점차 주변 국가로 퍼져 나갔다. 2차 세계대전 이후에는 대부분의 선진국들이 이를 채택할 정도로 급속히 확산됐다. 국가가 주도하는 국민연금제도는 오늘날 전 세계 170여 개 국가가 시행하고 있을 정도로 인류 역사상 가장 보편화된 사회보장 제도의 하나로 정착되었으며, 국민들의 노후생활을 보장하는 데 매우 큰 역할을 해 온 것이다.

비스마르크로부터 시작된 연금보장은 노후소득보장을 위한 핵심 금융복지 정책으로 체계화되면서 선진국 중심의 다층연금제도로 한층 더 발전하였다. 간략히 살펴보면, 다층연금제도의 그 첫 번째는 1층에 해당하는 국민연금제도이다. 일정한 예외 규정을 두고 있지만 소득이 있는 대상자는 누구나 의무적으로 가입하고 기여금(보험료)는 소득 수준에 따라 차등적으로 납입하며, 특정 공적 운영기관이 일괄적으로 관련 서비스를 제공한다. 특히, 가입자 간의 소득 재분배 요소가 포함되어 있어 노후생활준비에 있어 가장 핵심적인 역할을 담당하고 있다. 다음으로 2층에 해당하는 퇴직연금제도(또는 기업연금제도)이다. 주로 기업의 근로복지차원, 인사관리차원에서 시행되며 근속연수에 따라 퇴직자에게 퇴직급여(일시금 혹은 연금)를 차등적으로 지급한다. 그리고 개인이 필요에 의해 자발적으로 준비하는 개인연금제도는 3층에 해당한다. 하지만, 근로기간 중에 노후준비를 할 수 있도록 다양한 제도적 수단을 국가가 제공했음에도 불구하고, 경제적 이유로 적절한 노후준비를 하지 못한 경우도 발생한다. 이러한 상황에 놓인 국민들에게 최소한의 생활을 보장하기 위한 무상지원제도가 기초생활보장제도이다. 이를 우리는 0층이라고 한다.

국민들의 노후소득을 제공하는 다층연금제도는 은퇴자에게 정기적으로 생활비(연금, pension)를 지원함에 목적이 있다. 젊은 시절 근로를 통한 임금소득자는 퇴직 이후엔 연금소득자로 전환되는 것이다. 근로자뿐만 아니라 연금수령자 또한 내수시장의 주요한 경제주체로 기여하게 되는 것이다. 즉, 근로자 위치에서 시작하여 시간이 경과함에 따라 연금수령자 위치로 전환되는 선순환 구조가 가장 바람직하다. 이는 개인별로 그리고 집단별로 모두 적용되어야 한다. 그러나 저출산, 평균수명 연장 등 인구구조의 불균형이 최근에 더욱 심각해지고 있다. 향후에는 젊은 노동자보다 연금수령자가 많아지는 역전현상이 연령층 집단별로 발생할 개연성이 높다. 즉, 연금재원을 축적하는 젊은 연금기여자는 줄어들고 연금재원을 소진하는 연금수령자가 많아진다는 의미이다. 이 때문에, 대부분의 선진국에서처럼, 우리 공적연금 또한 제도의 재정적 지속가능성, 신·구세대 간 재정적 갈등 등으로 정치사회적 이슈가 되고 있다. 오랜 공적연금제도 역사를 가진 여러 선진국들도 노인부양부담의 증가와 생산가능인구의 비중축소 등으로 (공적, 사적) 연금개혁(pension reform)에 총력을 기울여 왔지만 아직까지 구체적이고 합리적 방안은 제시하지 못하고 있는 실정이다. 연금제도는 나라마다 경제구조, 인구구조, 생활형태 등에 따라 차별적이고 다르기에 하나의 최적 방안이 제시될 수 없는 구조적 문제가 있다. 이러한 연유로 공적연금의 역할을 (퇴직연금, 개인연금 등) 사적연금으로 상당부분 그 역할을 이전하는 연금역할 개혁이 하나의 글로벌 현상으로 나타나고 있다.

마지막으로 연금제도는 생애를 통해 현금 유입과 유출이 빈번하게 발생하는 금융복지제도이다. 제도의 보편성과 지속가능성을 유지하기 위한 다양한 개혁정책이 필요하지만 무엇보다 시급한 저출산 문제를 먼저 해소하는 것이 핵심과제이다. 산업혁명 이후 국민의 노후소득보장을 제공해 온 연금제도는 이처럼 급속한 인구구조의 변화로 인해 새로운 국면을 맞이하고 있다. 산·학·연·정(産學研政) 모두 연금에 대한 올바른 이해를 바탕으로 지속가능한 연금으로 발전시켜 나가야 할 것이다.

학습개요

본 장에서는 은퇴 이후 노후 준비를 위한 다양한 연금제도에 대하여 연금의 탄생 배경 및 의의, 발달 과정에 대해 알아본다.

학습목표

연금제도의 탄생 배경 및 의의, 연금제도 발생의 역사적 과정을 이해한다.

연금제도의 탄생

01 연금제도의 탄생 배경 및 의의

인간의 가장 큰 숙명은 노화와 죽음, 그에 따른 한계성일 것이다. 이러한 위협은 외부의 불확실한 위험(리스크)으로부터 오고, 인간은 위협을 받으면 본능적으로 방어하고 보호하게 되며 미리 사전에 안전을 추구하는 시스템을 구축하게 된다. 이러한 위협을 사회 경제학적으로 분석하면 경제적 불안정성으로 표현할 수 있고, 이에 대응하는 안전추구는 경제적 안정 추구로 표현할 수 있다. 예로부터 노화와 죽음은 신의 영역으로서 이를 극복하기 위한 종교의 역할이 지대하고, 공동체 사회에서 이를 대비하는 프로그램이 자발적으로 구축되곤 하였다. 이러한 경제적 안정 추구를 현대사회에서 시스템화 시킨 것이 사회보장(사회보험)이며 그 중 핵심적인 것이 연금제도라 할 수 있다.

연금제도는 개인의 일생에 걸친 소비평활화(consumption smoothing) 목적을 위해 탄생하였다. 즉, 근로기간 동안 연금제도에 부담금을 투입하는 대신 은퇴하여 근로소득이 없는 시기에 소득이 발생하도록 하여 인간의 노화에 대비하는 것이다. 따라서 연금의 정의로는 은퇴 후부터 사망까지 연속적으로 지급되는 소득의 흐름(Blake), 연금이란 오랫동안 생존하더라도 평생에 걸쳐 소득을 보장하는 것(Bodie), 근로를 통해 더 이상 정기적인 근로소득을 얻을 수 없는 상태(퇴직, 장애, 질병, 사망 등)에 직면한 근로자 혹은 그의 유족 등에게 근로소득을 대체하여 생활자금 명목으로 지급되는 정기적 현금급여(pension)라고 이야기할 수 있다.

 그림 1-1 　**라이프사이클 곡선(소득과 지출)**

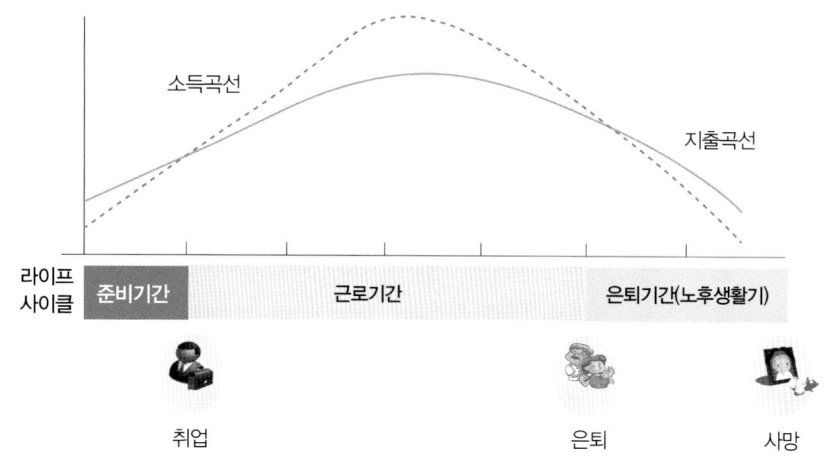

참고

　우리나라에서는 사용하는 연금(年金)의 용어는 영어의 'pension' 및 'annuity' 의 개념을 혼용해서 사용하고 있다. 이를 구분해서 알아보자.

‣ pension(연금)의 용어는 근로를 통해 더 이상 정기적인 근로소득을 얻을 수 없는 상태(퇴직, 장애, 질병, 사망 등)에 직면한 근로자 혹은 그의 유족 등에 게 근로소득을 대체하여 생활자금 명목으로 지급되는 정기적 현금 급여(cash benefits)를 말한다. 실생활에서 수령하는 연금액이 얼마인가? 라고 할 때에 연 금액은 바로 'pension amount'를 의미한다.
‣ annuity(연금)는 급여(benefits)를 지급하는 하나의 방법으로서 일정기간 또 는 생존기간 동안 미리 정해진 주기(연, 분기, 월 등)마다 지급하는 현금흐름 을 말한다. 연금수리학에서 많이 사용하는 개념이다.

02 연금제도의 발달 과정

고대사회에서 군인의 충성심을 유지하기 위해 활용되었던 연금제도
는 근대에 들어서면서 점차 모습을 갖추어 가는데, 사회연대를 중시하며
공적연금 주도로 연금제도를 발달시켜온 유럽식 연금제도와 개인의 자
유의지를 강조하여 사적연금이 상대적으로 중시되어온 영미식 연금제도
형태를 크게 두 축으로 하여 각 국가별로 고유한 형태로 발달되어 왔다.

1. 연금제도의 두 축[1]

연금제도는 유럽식 연금과 영미식 연금 등 크게 두 축의 형태로 발전
되어 왔다. 유럽식 연금제도는 오랜 세월 그리스도교의 영향을 받아왔기
에 사회문화적으로는 형제애에 바탕을 둔 사회연대를 중시하며 발달되
어 온 반면, 영미식 연금은 개인주의를 바탕으로 금융자본주의와 연결되
어 자본시장 확대와 맥을 같이하며 발달되어 왔다. 즉, 유럽식 연금은 산
업혁명 이후 빈부격차 심화 및 도시빈민 양상 등 사회문제가 확산되었을
때 이를 국가(사회) 전체의 문제로 인식하고 직접 나서서 해결하고자 한
것이다. 따라서 유럽식 연금은 국가(사회)가 주도하는 공적연금 중심으로
발달되어 왔고, 또한 소득재분배 기능이 중시된다. 소득재분배 기능은
세대 내 재분배도 있지만 세대 간 재분배도 있다. 대부분 유럽국가의 공
적연금은 연금의 재정방식이 부과방식으로 되어 있는데, 경제성장기에는
연금보험료를 부담할 근로자의 수가 많고 소득상승률도 높기 때문에 문
제가 없었으나 경제가 성숙해지고 고령화가 진전되며 출산율까지 떨어
지면서 근로세대의 부담이 과도한 수준까지 이르게 되고 국가재정에도
문제를 발생시키게 된다. 이에 1980년대 신자유주의가 태동되고 공적부

---

1) 내 연금이 불안하다 9장 요약

문의 비효율성이 부각되면서 비교적 관대한 수준의 유럽식 공적연금제도는 개혁을 거듭할 수밖에 없었다.

또한, 유럽국가에서는 연금을 시민의 권리로 인식하고 있다. 사적연금인 퇴직연금조차 사회가 관여하는 제도로 이해되면서 산업별 연합제도[2] 및 직능별 연합제도[3] 등 개별 기업을 벗어나서 광범위한 기반을 바탕으로 도입되는 경향이 있다. 따라서, 퇴직연금도 근로자가 임의로 가입하기보다 강제적으로 가입하는 준공적연금으로 인식된다.

이에 반하여 영미권에서는 개인의 노후소득 확보는 개인의 자유의지와 책임이라는 자유주의적 사고가 강하다. 따라서 영미권에서는 공적연금의 비중이 유럽국가에 비하여 상대적으로 낮은 경향이 있고, 노후소득보장은 직장을 기반으로 하는 여러 가지 사적연금을 중심으로 이루어지고 있는 상황이다. 영미권에서는 퇴직연금이 기업주가 근로자의 노후복지를 위해 자발적으로 마련한 제도라는 인식이 강해 개별 기업단위로 제도가 운영되는 것이 일반적이다. 또한, 근로자의 연금수급권을 보장하기 위해 그 운용을 회사 밖에 적립하고 수탁인에게 맡기는 신탁형 지배구조가 발달해 왔다. 이때 정부는 세제혜택을 제공함으로써 퇴직연금을 지원하는 역할을 수행한다.

한편. 유럽 국가는 영미권에 비해 상대적으로 사적연금이 발달하기 어려운 환경이었다. 군주의 영향력을 제한시켜 의회민주주의를 발달시킨 영국과 달리 유럽 대륙에서는 봉건제가 오래 존속하였고 이로 인해 자본주의화가 상대적으로 더딜 수 밖에 없었다. 더욱이 사적연금이 발달하려면 연기금의 투자가 원활하게 이루어지는 자본시장이 발달해야 한다. 하지만 독일 등 유럽국가에서는 은행과 산업자본의 결합이 강조되는 등 자금시장이 주도 하다보니 상대적으로 자본시장 발달은 늦어질 수밖에 없

---

2) 네덜란드에서는 퇴직연금이 기업 단위가 아닌 기업연합회와 근로자연합회간 일괄 협약 형태로 도입되었다.

3) 스웨덴에서는 퇴직연금이 블루칼라 대상과 화이트칼라 대상 등 직능별로 구분되는데, 블루칼라 근로자는 확정기여형인 SAP-LO 플랜에, 화이트칼라 근로자는 확정급여형인 ITP 플랜에 가입한다.

었다.

  반면에, 자본시장이 발달한 영미에서는 연기금의 투자수익 추구와 기업의 자본 수요가 연결되면서 연기금이 주식시장을 부양하고 주가상승이 근로자 노후소득을 증대시키는 상호호혜적 관계가 정착되었다. 더욱이 1980년대 이후 전 세계적으로 신자유주의가 확대되면서 공적부문의 비효율성을 극복하는 처방으로 민영화 바람이 거셌고, 칠레의 연금민영화 사례가 2000년대 초반까지 연금개혁의 우수사례로 평가되는 등 세계은행(World Bank) 주도의 연금제도 민영화가 전개되었다. 또한, 호주도 취약한 공적연금 부문과 퇴직연금을 결합하여 강제적으로 가입시키는 슈퍼애뉴에이션(Super-Annuation) 제도를 도입하여 비교적 높은 수준의 노후보장을 시현하고 있다.

표 1-1 연금제도 특징 및 발달과정

	유럽식 연금	영미식 연금
기본이념	• 사회연대를 중시	• 개인주의를 바탕으로 금융자본주의와 연결
대상국가	• 서구 유럽국가(영국/네덜란드/스위스 등을 제외)	• 영국, 미국이 대표적

특징	• 소득재분배 기능 중시
	  → 공적연금 중심으로 발전
	• 연금은 시민의 권리로 인식
	  → 퇴직연금도 준공적 연금으로 인식
		• 개인소득수준은 개인의 자유의지와 책임
		  → 사적연금(퇴직연금 등) 중심으로 발전

자본시장과의 관계	• 영미권에 비해 자본시장이 뒤늦게 발달	• 연기금 투자수익 추구와 기업의 자본수요가 연결되면서 연기금이 주식시장을 부양하고 주가상승이 근로자 노후소득을 증대시키는 상호호혜적 관계 정착
이슈	• 최근 연금개혁을 거듭 시행	• 금융위기 시 직격탄

하지만, 이러한 사적연금으로의 연금개혁은 경제기반이 취약한 저소 득층에게는 불리하게 작용되고, 전 세계적으로도 저금리 상황이 도래하 자 예상만큼의 수익을 창출하지 못해 결국 손에 쥐는 연금액은 민영화 이전보다 못한 결과를 초래하게 되어 많은 저소득 노인층이 빈곤층으로 내몰리게 되었다. 또한 상호호혜적 관계에 있던 연기금과 자본시장은 2008년 금융위기시 자본시장의 폭락으로 인해 장기간 축적되어온 연금 자산이 하루아침에 상당부분 증발되는 직격탄을 맞게 된다.

따라서, 신자유주의 확대와 함께 진행되어온 민영화 방식의 연금개혁 은 노인빈곤층 확대와 연기금의 저수익성 등으로 사회문제화 되었고, 이 를 극복하기 위한 조치로 보편적 기초연금이 추가적으로 도입되는 등, 다시 공적연금 부문이 강화되고 있는 상황이다.

2. 연금제도의 역사[4]

연금의 역사를 살펴보면 고대까지 거슬러 올라간다. 고대의 연금은 공적인 목적에서 시작하였다. 왕을 비롯한 권력층이 신하나 군인의 충성 을 도모할 목적으로 연금을 활용한 것이다. 즉, 고대 시대에서 크고 작은 전쟁에서 승리하기 위해서는 군인들의 사기와 충성심을 북돋울 수 있는 수단이 필요했고, 여기에 연금이 일정부분 활용된 것이다.

이렇듯 군인을 중심으로 발달했던 고대의 연금제도는 중세시대때는 사라진다. 왜냐하면, 봉토를 매개로 군신관계가 세습되는 봉건제도에서 는 기사들이 봉토에서 나오는 수입으로 노후를 지낼 수 있었기 때문에 연금제도는 굳이 필요하지 않았다.

그럼에도 왕이나 귀족의 총애를 받거나 평생을 그들을 위해 종사한 자[5]들이 종신연금으로 보답 받는 경우는 있었다. 또한, 일반인들 사이에 서는 개인이 소유한 부를 담보로 계약에 의한 노후보장이 이루어지곤 했

---

4) 내 연금이 불안하다 9장~10장 요약
5) 궁중 음악가 또는 문학가 등 궁중에서 일하는 전문가들을 지칭한다.

페리클레스의 전사자를 위한 추모사

"이제껏 죽은 자에게 우리의 제물을 바쳤으며, 앞으로는 그들의 자식에게 성년이 될 때까지 도시의 비용으로서 도움을 줄 것이다."

다. 즉, 부유한 노인은 하인을 고용하여 안락한 노후를 보내거나 부유하지 않더라도 어느 정도의 경제력을 지닌 사람이라면 친척이나 주위의 젊은이에게 의식주와 함께 사후에 재산을 물려준다는 계약을 맺고 자신이 죽을 때까지 보살핌을 받기도 한 것이다.

근대에 들어오면서 연금제도는 점차 체계를 완성하게 된다. 근대적 연금의 태동은 자본과 노동력의 분리와 밀접한 연관이 있는데, 산업혁명 이후 고용주가 근로자들의 은퇴를 결정하게 되었고, 국가 차원에서도 공무원 조직을 중심으로 일정한 나이를 넘은 주요 관리에게 연금을 지급하는 제도가 시행되었다.

또한 공제조합(benefit society)이나 우애조합(friendly society)이 발전되면서 연금제도를 자체적으로 시행하게 된다. 공제조합은 조합원 상호간의 부조와 복지를 위해 조합원이 납부한 자금으로 펀드를 만들어 조합원이 고령, 재해, 실업, 질병, 사망 등의 사고를 당하면 급여를 지급(본인 사망시 유가족에게 지급)하는 민간 조직으로서, 보통 길드(Guild)에서 기원되었다는 것이 정설이다. 그러나 공제조합은 그 혜택 범위가 한정되어 대부분의 노동자들은 여전히 질병, 산업재해, 실업, 퇴직 등의 사회적 위험에 대해 스스로 해결해야 했다.

19세기말 대부분의 산업국가 정부는 급격히 늘어가는 고령 빈곤층 문제를 해결할 필요성을 느끼기 시작하였다. 왜냐하면, 산업화로 대가족이 해체되면서 전통적인 부양방식이 설 자리를 잃었기 때문이다. 빈부의 격차는 가진 자와 없는 자 사이뿐만 아니라, 없는 자 중에도 그나마 직업이 있는 자와 아예 직업이 없는 자에서도 심각하게 확대되었다. 또한, 때마침 태동한 사회주의가 부르주아 지배층을 위협하게 되어, 결국 정부가 이 문제를 해결하기 위해 적극적으로 개입하게 된다.

전 국민을 대상으로 하는 공적연금 아이디어는 영국의 혁명가 토머스 페인(Thomas Paine : 1737~1809)으로부터 나왔다. 페인은 프랑스 혁명에 관해 1792년에 저술한 '인간의 권리'에서 전 노령 국민에게 필요시 연금을 받을 수 있는 권리를 주어야 한다고 주장하였다. 하지만, 최초의 보편적 공적연금제도는 근 100년 뒤인 독일에서 탄생하게 된다. 통일 독일을 이룩한 비스마르크는 1880년대에 근로자들을 위한 강제적인 사회보험을 도입하는데, 최초의 사회보험인 건강보험[6]을 필두로 1889년에 노령연금을 도입하게 되고, 이것이 최초의 보편적 공적연금이 된다.

비스마르크
(Otto Eduard Leopold von Bismarck : 1815~1898)
프로이센의 수상으로 독일 연방 통일을 주도하여 국민적 영웅으로 존경받았고 철혈재상이라는 별명으로도 불린다.

이러한 독일의 제도가 인근 국가에 직접적인 영향을 미치게 되는데, 오스트리아제국도 독일 모델을 채택하여 1906년에 연금보험을 도입하게 되었고, 같은 왕조의 지배를 받은 헝가리에도 1907년에 적용되었다. 프랑스도 독일보다 늦은 1910년에 제조업과 농업 근로자를 위한 확정급여형 연금제도를 도입하게 된다. 반면, 북유럽은 독일과 약간 다른 방식으로 노후소득보장 문제에 접근한다. 덴마크는 조세로 100% 충당하는 연금제도를 도입하게 된다.

---

6) 1883년에 도입되어 세계 최초의 사회보험제도로 자리매김 하였다.

영국에서는 1906년 중간계층(부르주아)에 기반을 둔 자유당이 노동자 계급과의 연합으로 지주계급의 정당인 토리당을 누르고 집권에 성공하였다. 자유당은 노인빈곤 문제를 타파하기 위하여 1908년에 무기여 노령연금을 도입하게 된다. 이 제도는 보험료는 납부하지 않되, 70세 이상 고령자중 자산조사를 통해서 일정 소득이 있는 노인은 제외하고 도덕성 조사를 통해서 알코올 중독자나 전과자 등도 제외하며, 연금 재원을 조세로 충당하는 매우 제한적인 제도였다. 하지만 1942년 베버리지 보고서[7]가 발표된 이후부터 영국에서는 보편적 공적연금제도가 도입된다.

베버리지(William Henry Beveridge : 1879~1963)

영국의 경제학자로 사회보장제도에 관한 이른바 베버리지 법안(보고서)을 제창하여 오늘날 보편적 사회보장 체계의 기초를 이룩하였다.

베버리지 보고서는 보편적이고 종합적인 사회보험 체계를 바탕으로 한 복지국가의 청사진('요람에서 무덤'까지의 사회보장)을 제시하였다. 영국에서는 이 보고서를 기초로 1946년 국민보험법이 재정되어 사회보장 관련 각종 급여(의료, 실업, 노령, 빈민)가 하나의 제도로 통합되고 재정구조와 급여지급 절차도 간소화 되었다. 이러한 베버리지 보고서는 영국에만 국한되지 않고 서유럽 국가에 영향을 미친다. 즉, 보편적이고 종합적인 사회보장 체계를 바탕으로 한 서유럽 복지국가의 청사진으로 자리매김 하게 되고 호혜적인 공적연금은 사회보장의 주요한 축으로 자리잡게 된다.

한편, 이민자에 의해 건국된 미국은 봉건제도 역사가 없어 사회보장에 대한 인식이 유럽과 매우 달랐다. 자신의 노력과 능력에 따라 소득이 결정되었으며 미래에 대한 보장도 스스로 준비하는 전통이 생겼다. 또

---

7) 정식 명칭은 "사회보험 및 관련서비스 ; Social Insurance and Allied Services"이다.

한, 빈민에 대한 종교의 시각과 역할도 유럽과 달랐다. 유럽에서는 종교가 가난한 사람에게 마지막 안식처를 제공했지만, 미국에서는 종교의 빈민 구제활동이 가난한 사람의 근로정신을 약화시키는 주범이라는 인식이 강했다.[8] 하지만, 이러한 인식은 1929년 대공황 이후 대전환을 맞게 된다. 대공항으로 국민들의 생존권이 심각하게 위협받고 있었지만 이에 대한 국가의 사회보장적 대응책은 매우 미미하였다. 대공황은 개인이 아무리 열심히 노력해도 빈곤해질 수 있고, 개인의 노력과 역량에 관계없이 일자리를 잃을 수 있다는 것을 미국인에게 각인시킨 것이다. 대공황 이후 개개인의 복지에 대해 국민 모두가 상호부조의 정신으로 대처하는 것이 바람직하며, 이를 위해서 연방정부의 적극적인 역할이 필요하다는 공감대가 형성되었다. 그러나, 당시 후버대통령은 급격한 사회 인식 전환의 본질을 파악하지 못한 채 경제에 대한 정부의 개입은 미국식 생활방식에 어긋난다고 생각하고 사적 자선으로 대량 실업과 빈곤문제를 해결할 수 있다고 고집하여 빈민구제를 위해 연방정부가 주정부를 원조해야 한다는 요구를 거부하였다가 결국, 1932년 11월 대통령 선거에서 패배하고 루스벨트가 새로이 취임하게 된다.

루스벨트(Franklin Delano Roosevelt : 1882~1945)

미국의 32대 대통령으로 대공황으로 수렁에 빠져있던 당시 미국에 뉴딜정책으로 희망을 불어넣고 제2차 세계대전을 승리로 이끌어 오늘날에도 미국의 위대한 대통령중 한 명으로 꼽히고 있다.

---

8) 다만, 군인에 대해서는 부상자나 전사자 유가족에게 연금을 지급하였는데, 초기 신대륙 개척시 인디언과의 전쟁에서의 전사자 유가족에게 연금을 지급하였고, 남북전쟁에서도 상이군인뿐만 아니라 미망인, 자녀 등 부양가족도 경제적으로 지원하였다.

"경제학적 측면에서 당신이 옳을 수 있다. 그러나 사회보장세는 경제
학의 문제가 결코 될 수 없다. 그것은 정치학이다. 우리가 갹출료를 주장
한 이유는 연금과 실업수당을 수급할 피보험자에게 법적 · 도덕적 · 정치
적 권리를 부여하기 위한 것이다. 갹출료가 있는 한 어떤 정치인도 사회
보장 프로그램을 반대하지 못할 것이다."

루스벨트 대통령은 뉴딜이라고 불리는 일련의 위기극복 정책을 실시
하면서 1935년 사회보장법(the Social Security Act)[9]을 제정하게 된다. 이러
한 사회보장법은 개인이 사회적 권리를 가지고 있음을 분명하게 선포하
게 된 사건이며, 미국사의 새로운 전기를 마련하게 된다. 사회보장법에
의거하여 재원은 사회보장세(social security tax)로 충당되고 연방정부가
직접 운영하는 노령연금제도 시행되었다.

📊 표 1-2 연금제도의 3대 역사

	독 일	영 국	미 국
주도자	• 비스마르크	• 베버리지	• 루즈벨트
시기	• 1980년대 사회보장입법 (1889년 노령연금)	• 1942년 베버리지 보고서(1946년 국민보험법)	• 1929년 뉴딜정책 (1935년 사회보장법)
특징	• 세계 최초의 공적연금 제도	• 보편적 공적연금제도 (서유럽 복지국가의 청사진)	• 개인주의 미국사회에 사회보장이라는 새로운 전기 마련

---

9) 법 제목: "일반복지의 증진을 위해 연방정부가 관장하는 노령급여제도를 실시하고, 주정
부가 관장하는 노인, 맹인, 요보호아동, 장애아동을 위한 복지, 모자복지, 공중보건 및 실
업보상법의 관리운영을 지원하며, 사회보장청의신설과 재정조달 및 기타 목적을 추진하
기 위한 법"

학습내용정리

• 연금제도는 근로기간 동안 연금제도에 부담금을 투입하는 대신 은퇴하여 근로소득이 없는 시기에 소득이 발생하도록 하여 인간의 노화에 대비하고 개인의 일생에 걸친 소비평활화(consumption smoothing) 목적을 위해 탄생하였다.

• 연금의 정의로는 은퇴 후부터 사망까지 연속적으로 지급되는 소득의 흐름, 오랫동안 생존하더라도 평생에 걸쳐 소득을 보장하는 것, 근로를 통해 더 이상 정기적인 근로소득을 얻을 수 없는 상태(퇴직, 장애, 질병, 사망 등)에 직면한 근로자 혹은 그의 유족 등에게 근로소득을 대체하여 생활자금 명목으로 지급되는 정기적 현금급여라고 이야기할 수 있다.

• 고대사회의 군인연금에서 출발한 연금제도는 점차 모습을 갖추어 사회연대를 중시하며 공적연금 주도로 연금제도를 발달시켜온 유럽식 연금제도와 개인의 자유의지를 강조하여 사적연금이 상대적으로 중시되어온 영미식 연금제도 형태를 크게 두 축으로 하여 각 국가별로 고유한 형태로 발달되어 왔다.

• 최초의 보편적 공적연금제도는 통일 독일을 이룩한 비스마르크가 1880년대에 근로자들을 위한 강제적인 사회보험을 도입함으로써 탄생하는데, 최초의 사회보험인 건강보험을 필두로 1889년에 노령연금을 도입하게 되고, 이것이 최초의 보편적 공적연금이 된다.

• 영국에서는 베버리지 보고서를 기초로 1946년 국민보험법이 재정되어 사회보장 관련 각종 급여(의료, 실업, 노령, 빈민)가 하나의 제도로 통합되었는데 이러한 베버리지 보고서는 영국에만 국한되지 않고 보편적이고 종합적인 사회보장 체계를 바탕으로 한 서유럽 복지국가의 청사진('요람에서 무덤'까지의 사회보장)을 제시하였다.

• 미국에서는 루스벨트 대통령이 뉴딜이라고 불리는 일련의 위기극복 정책을 실시하면서 1935년 사회보장법(the Social Security Act)을 제정하게 되는데 이러한 사회보장법은 개인이 사회적 권리를 가지고 있음을 분명하게 선포하게 된 사건이며, 미국사의 새로운 전기를 마련하게 된다.

학습 용어 정리

부과방식(Pay-As-You-Go: PAYG)

급여의 지급 사유가 발생할 때마다 그 발생 수준에 맞게 급여액을 조달하는 재정방식으로, 원칙적으로 적립 재원이 없이 운영되는 방식이다.
이는 공적연금제도의 재원조달 방법으로 널리 사용되고 있으며 필요한 재원은 주로 세금으로 조달한다. 자세한 내용은 제6장 01을 참고하면 된다.

소득재분배(redistribution of income)

소득분배의 불평등을 완화하기 위해 국가가 조세, 사회보험 등의 수단을 이용하여 분배를 조정하는 것을 말한다. 세대 내 소득재분배(income distribution among households)' 기능과 '세대 간 소득재분배(income distribution among generations)' 기능이 있다. 세대 내 소득재분배는 동일한 세대 내의 고소득계층에서 저소득계층으로 소득이 재분배되는 것을 의미한다. 우리나라 국민연금의 경우 이러한 제도 시행의 결과 저소득층의 경우 자신의 소득이 전체 가입자의 평균소득보다 낮기 때문에 수익비가 고소득층보다 상대적으로 높게 나타난다. 수익비는 국민연금 가입자가 근로기간 중 납입한 보험료 총액의 현재가치 대비 퇴직 후 받는 연금급여 총액의 현재가치 비율이다.
한편, 세대 간 소득재분배 미래세대가 현재의 노인 세대를 지원하는 기능으로 국민연금도입 초기 단계 가입자의 제도 순응성을 높이기 위해 도입했다. 미래세대는 자신의 노후만을 준비하면 되지만 국민연금 초기 단계 가입자의 경우에는 자신의 노후는 물론 부모 부양이라는 이중 부담을 지고 있어 이들의 부담을 완화하기 위해 낮은 보험료에서 출발하여 단계적으로 보험료를 높여가도록 한 것이다.

소비평활화(consumption smoothing)

향후 소득 감소에 대비하여 소득이 많을 때 많은 저축을 한다는 이론이다. 일반적으로 소득의 변동폭보다 소비의 변동 폭이 작게 나타나는 경향이 있다. 그러므로 소득이 불안정하더라도 안정적인 생활을 위하여 소비 수준을 일정하게 유지하려는 경향 때문에 나타나다.

슈퍼애뉴에이션(super-annuation)

1992년 7월 도입한 호주의 퇴직연금 상품을 '슈퍼애뉴에이션'(Superannu-ation)이라고 한다. 이 기금은 사업주가 의무적으로 납부하는 근로자 연 급여의 일정률(2021년 이후 10%)에 해당하는 기여금이 근간이 된다. 근로자는 임금의 일부분을 추가적으로 납입하는 것이 허용된다. 슈퍼애뉴에이션은 가입자군을 중심으로 소매형(retail) 펀드, 산업형(industry) 펀드, 공공부문(public sector) 펀드, 개별기업(individual corporate) 펀드, 자기관리형(self-managed) 펀드 등으로 나눠진다.

적립방식

적립방식이란 가입자 세대가 가입시점으로부터 보험료로 납부한 금액과 기금(적립금)에서 발생한 수익금을 합한 총액을 적립했다가 적립금액 모두 미래에 그 가입자 세대가 수급하게 되는 재정방식이다. 이는 세대 내 이전 형태로 볼 수 있으며 주로 사적연금에서 활용되고 있다.

종신연금(whole life annuity)

연금수령자가 사망 시까지 지급되는 연금(annuity)으로 장수리스크에 가장 최적화되어 있다. 그러나 일단 연금지급이 시작되면 연금적립금이 소진되기 전에 사망하더라도 남은 적립금은 상속되지 않는다.

예시문제-○×문항

01. 경제적 안정 추구를 현대사회에서 시스템화 시킨 것이 사회보장(사회보험)이며, 그 중 핵심적인 것이 연금제도라 할 수 있다.

02. 연금제도는 개인의 일생에 걸친 소비평활화 목적을 위해 탄생하였다.

03. 연금제도는 공적연금 주도로 연금제도를 발달시켜온 영국식 연금제도 형태와 사적연금이 상대적으로 중시되어온 대륙식 연금제도 형태를 크게 두 축으로 하여 발달되어 왔다.

04. 자본시장이 발달한 독일 등 유럽에서는 연기금 투자수익 추구와 기업의 자본수요가 연결되면서 상호호혜적 관계가 정착되었다.

05. 최초의 공적연금제도는 영국의 혁명가 페인의 전 국민 대상의 공적연금 아이디어부터 출발하여 당시 선진국인 영국에서 1880년대에 시행하였다.

06. 영국에서는 베버리지 보고서가 1942년 발표된 이후부터 소득비례적 공적연금제도가 도입되었다.

정답

01. (○)
02. (○)
03. (×) – 공적연금 주도 유럽식 연금제도, 사적연금 중시 영미식 연금제도
04. (×) – 자본시장이 발달한 영국과 미국에서 상호호혜적 관계 정착
05. (×) – 최초의 공적연금제도는 독일에서 1989년 시행
06. (×) – 베버리지 보고서는 보편적 공적연금을 지향

07. 대공황은 개인이 아무리 열심히 노력해도 빈곤해질 수 있고, 개인의 노력과 역량에 관계없이 일자리를 잃을 수 있다는 것을 미국인에게 각인시킨 사건으로 이를 계기로 미국 사회보장 제도는 새로운 전기를 마련하게 된다.

🔒정답

07. (○)

예시문제-빈칸 채우기

01. (   )이란 은퇴후부터 사망까지 연속적으로 지급되는 소득의 흐름, 오랫동안 생존하더라도 평생에 걸쳐 소득을 보장하는 것이라고 이야기할 수 있다.

02. 호주는 취약한 공적연금 부분과 퇴직연금을 결합하여 강제적으로 가입시키는 (   )제도를 도입하였다.

03. 조합원 상호간의 부조와 복지를 위해 조합원이 납부한 자금으로 펀드를 만들어 조합원의 고령, 재해, 실업, 질병, 사망 등의 사고를 당하면 급여를 지급하는 민간조직을 (   )라 한다.

04. 최초의 보편적 공적연금제도는 1889년 독일 비스마르크에 의해 도입되었고, 영국에서는 1942년 (보고서)를 토대로 요람에서 무덤까지라는 광범위한 사회보장제도를 도입하였다.

 예시문제-논술형

01. 연금제도의 의의에 대해 설명하시오.
02. 유럽식연금과 영미식 연금의 차이를 비교 설명하시오.
03. 베버리지 보고서에 대해 설명하시오.
04. 미국 사회보장법의 역사적 의의를 기술하시오

🔒**정답**

01. (연금)
02. (슈퍼에뉴에이션 (super-annuation)
03. (공제조합)
04. (베버리지)

MEMO

학습개요
본 장에서는 우리 사회가 직면하는 문제 중 하나인 평균
수명의 연장 등에 따른 고령화로 인해 발생하는 문제점과
해결방안 중 하나인 연금제도의 개요에 대해 학습한다.

학습목표
고령화의 발생원인, 문제점 및 해결방안 등을 학습한다.
장수위험의 정의 및 이의 대응 방안과 연금제도를 설명
할 수 있다.

고령화와 연금제도

01 늙어가는 사회

　사람은 몇 살까지 살 수 있을까? 전 세계적으로 100세 이상 생존한 사람을 백세인(百歲人; centenarian)이라고 하는데 2023년 기준 전 세계에 300명~400명 정도 있을 것으로 추정하고 있다.

그림 2-1 **고령인구**

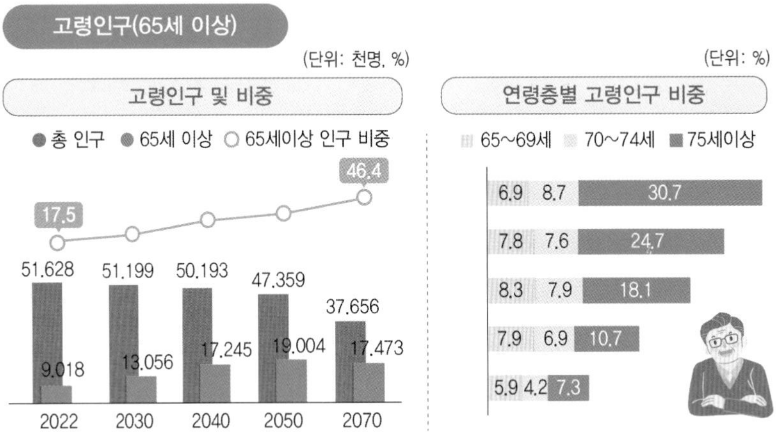

자료: 통계청.

　과거부터 무병장수에 대한 인류의 열망은 21세기 의학 기술의 발달로 인해 현실로 다가오고 있다. 소위 호모헌드레드(homo hundred) 시대가 도래했다. 호모 헌드레드란 인류 조상을 호모 사피엔스로 부르는 것에 비유해 유엔이 2009년 보고서에서 처음 사용한 것으로 100세 장수가 보편화되는 시대를 의미하는 용어이다. 이 보고서에서 유엔은 전 세계 100세 이상 인구가 2050년에는 320만명에 달할 것으로 전망하였다.

　우리나라도 예외는 아니다. 통계청 자료 및 전망치에 따르면 2005년 961명이던 100세 이상 고령자 숫자가 2015년에 3,159명으로 급증했다.

2040년에는 2만명을 넘을 것이라 한다. 특히 우리나라의 65세 이상 인구는 2022년 이미 900만명을 넘었고 전체 인구중 약 17.5%를 차지했다. 2070년경에는 65세 이상인구는 1천 7백만을 넘어서 전체 인구의 약 46.4%에 달할 것으로 예측하고 있다. 우리나라가 늙어 가고 있다.

1. 고령화의 발생원인

인구 고령화가 발생하는 원인은 산업화의 성숙에 따른 인구변천의 보편적인 과정이라고 알려져 왔다.[1] 즉 산업화의 진행 과정에서 인구증가율이 상승하다가 산업화가 성숙단계에 이르면 인구증가율이 하락하면서 급속하게 고령화로 가는 과정을 거치게 된다. 고령화의 구체적 원인은 출산율 저하에 따른 유소년 인구의 감소, 의료기술의 발달과 생활 수준의 향상으로 평균수명이 길어져서 노인 인구가 증가하기 때문이다.

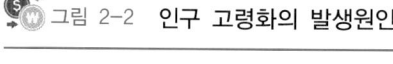 그림 2-2 **인구 고령화의 발생원인**

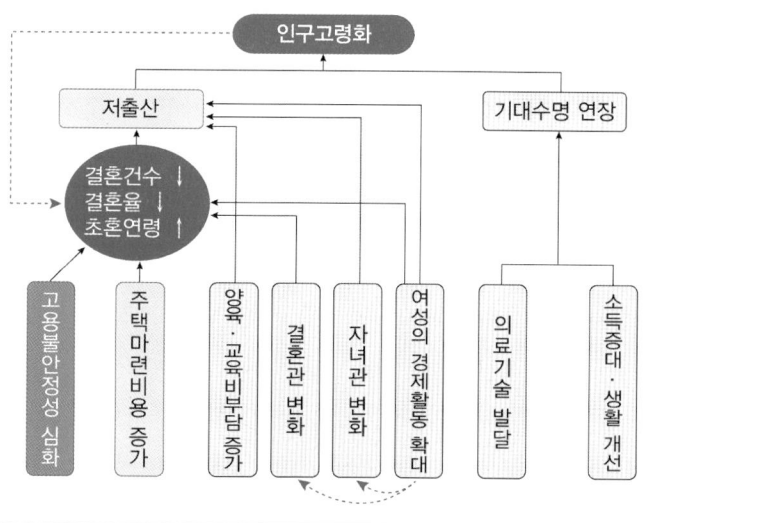

자료: 이상호・이상헌(2010).

---

1) 최경수 외(2003).

우리나라의 합계출산율은 1970년 4.53명에서 계속 감소하여 2002년부터는 초저출산율 수준(1.3명 미만)이 지속되다가 2022년 0.78명까지 하락하였다. 세계 유래가 없을 정도로 출산율 저하 속도가 가파르다. 출산율 저하는 산업화를 거친 국가에서 나타나는 일반적인 현상이다. 다만, 우리나라는 세계에서 유례가 없을 정도로 출산율 저하 속도가 빠르다는 데 문제의 심각성이 있다. 일반적으로 저출산의 원인은 다양하다. 국가 정책적 요인으로는 과거 시행한 인구억제 정책, 인구적 요인으로는 남녀 초혼 연령의 상승과 결혼을 하지 않으려는 미혼의 증가가 있다. 사회적 요인으로는 급속한 도시화와 산업화, 여성 인력의 경제활동 참여 증가, 자녀 양육 부담 가중, 결혼 및 자녀 가치관 변화 등으로 구분할 수 있다.

현재의 인구 수준을 유지 하려면 합계출산율이 2.0명이 되어야 한다. 우리나라와 같이 심각한 저출산 현상이 지속될 경우 사회, 경제적으로 미치는 부정적인 영향은 매우 크다. 저출산 현상은 전체 인구와 생산인구의 감소, 노령인구의 증가에 따른 사회복지 비용의 증가, 노령화 추세로 인한 경제성장의 둔화 등의 문제를 초래하기 때문이다.

한편, 고령화는 기대수명이 연장되기에 자연스럽게 진행된다. 로마시대의 기대수명은 28세 정도였다고 한다. 1900년 미국인은 47세였다. 1990년대 지구 전체 인류의 평균수명이 66세이고 2020년 기준으로는 69.6세이다(WHO). 인류는 시간이 지나갈수록 평균수명이 증가해 왔다. 우리나라의 경우를 살펴보면 조선시대 서민들의 평균 수명은 35세 혹은 그 이하였을 것이라고 한다. 반면 왕의 평균수명이 46.1세이니 상대적으로 긴 편이었다. 왕들은 그나마 의식주 생활이 비교적 궁핍하지 않고 의료혜택도 가장 많이 받았던 덕에 비교적 넉넉히 수명을 누린 셈이다.

미래는 어떻게 될까? 통계청은 2065~2070년 한국인의 평균 기대수명은 90.9세로 OECD 국가에서 가장 높을 것으로 전망했다. 현재의 1 이하의 합계출산율은 향후 1.21명으로 올라가겠지만 여전히 OECD 국가 중 가장 낮을 것으로 보고 있다. 이와 같은 인류의 평균수명의 증가는 영유아 사망, 질병으로 인한 조기 사망 원인의 감소가 평균수명의 향상을 가져온 것이다. 즉, 상하수도 관리를 통한 공중위생의 향상과 전염병 관리, 백신개발, 항생제 개발 등이 조기사망을 감소시키는 데 큰 역할을 한 것이다.

2. 고령화의 문제점

고령화가 급속히 진행되는 것은 우리 사회와 경제가 젊어지고 있는 가장 큰 고민 가운데 하나다. 급속히 이뤄지는 인구 고령화는 장차 한국 사회와 기업, 가정과 가족관계에 큰 영향을 미칠 것이다. 고령화는 출산율과도 같은 문제이며, 인구가 줄어들면서 생산과 소비가 축소되어 경제성장이 둔화하는 인구오너스(demographic onus) 현상이 발생하게 된다. 반대의 개념인 인구보너스(demographic bonus)란 인구가 증가하면서 생산과 소비도 증가해 경제성장이 가파르게 상승하는 현상이다. 이러한 고령화의 문제를 사회적 측면, 경제적 측면 및 지역적 측면에서 간략히 알아본다.

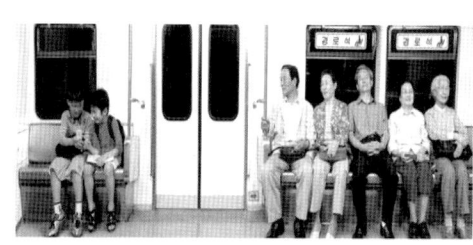

이런 모습, 상상은 해보셨나요?

먼저, 사회적 측면에서는 고령인구 증가 및 평균수명의 연장으로 인해 노동력이 상실된 고령인구의 노후 대비 부족으로 인한 노후 빈곤 문제가 발생한다. 우리나라의 노인 빈곤율은 OECD 국가 중에서 가장 높은 것으로 알려져 있다. 또한 노인 부양에 다른 청장년층의 재정 부담과 청장년 세대와 노인 세대 간 일자리 경쟁이 발생한다.

또한, 경제적 측면은 결국 인구구조 변화에 따른 문제가 경제 현상으로 이동되는 것이다. 생산가능인구의 감소로 노동력 부족 및 경제성장 둔화 현상이 발생하며, 사회 전체의 소비가 줄어들고 기업의 투자도 감소하면서 사회의 총수요가 위축될 수 있다. 더불어 사회보장 부담을 증가시킨다. 건강보험료, 국민연금 등과 같은 사회 보장성 기금들의 재정 상태가 점점 약화된다. 반면에 실버경제 발달의 원동력이 된다(이에 대해서는 5장에서 자세히 학습한다).

마지막으로, 지역적 측면에서는 청·장년층의 경우 농촌을 떠나서 도시로 모여들어 농촌의 고령화가 도시에 비해서 가속화되고 있다. 농촌은 노동력 부족과 소비 부족으로 농촌 경기는 침체되어, 도시와 농촌 간 경제적 격차가 심화된다. 특히 지방의 인구감소는 지역 소멸로 확대되고 있다.

02 장수와 연금

장수가 축복이 되기 위해서는 신체적 및 재무적으로도 건전해야 한다. 건강한 생활을 지키기 위해서는 평소에 신체 근육을 키워 둬야 한다. 재무 상황도 마찬가지이다. 든든한 재정이 마련되는 재무 근력을 키워 둬야 하는데 그렇지 못한 경우가 많다. 오래 살게 될 때 따라오는 가장 대표적인 재무적 위험은 자신이 죽기 전에 가진 재산을 모두 날릴 파산위험(ruin risk)이 있다. 이러한 재무적 위험을 줄이는 최선의 방법은 노후 대비를 서둘러서 제대로 해야 한다.

1. 장수위험(longevity risk)

세상에서 가장 오래 산 사람인 잔느 칼망은 긴 삶만큼 여러 일화로 유명하다. 다음의 일화는 더뉴요커(The NEW YORKER, 2020.10.10.)에 실린 글의 일부로 장수위험에 대해서 생각해 볼 수 있는 좋은 예이다.

잔느 칼망
(1875년 출생~1997년 사망)
프랑스 여성으로, 공식적으로 명확한 출생 및 사망 기록을 가진 인간 가운데 가장 오래 산 장수인

칼망이 아흔네 살이던 1969년, 그녀의 공증인(당시 47세)이 그녀의 아파트를 샀다. 거래방식은 프랑스의 에네비게르 제도(French en viager system) 따라 이루어졌다, 이 거래 방식은 집을 사는 사람이 집을 판매한 사람이 계속 살고 있는 부동산에 대해 정기적인 금액을 지불하고 판매자가 사망하면 집을 인수받는 시스템이다. 이 거래 방식은 집을 판 사람이 빨리 죽으면 죽을수록 집을 산 사람이 이익을 보는 구조이다. 결과적으로 칼망의 아파트를 매수한 공증인의 투자는 끔찍한 것으로 판명되었다. 1995년 공증인이 사망할 때까지, 그는 그 아파트 가치의 두 배가 넘는 거의 20만 달러를 지불해야 했다. 칼망은 이후 더 오래 살다가 1997년 8월에 사망했다.

위의 사례는 오래 살게 되면 발생하는 위험과 이를 해결하는 방법에 대해 알려주는데 하나씩 짚어보자.

첫째, 칼망 여사의 나이가 94세 임에도 여전히 생활비 등을 위한 돈이 중요했다. 칼망 여사의 해결책은 축적된 자산인 아파트를 연금화하여 안정적인 소득 흐름으로 전환했다. 생존 기간 동안 매월 일정액을 받고 사망 후 권리를 이전하는 방식을 택한 것이다. 결과적으로 칼망 여사는 장수위험의 재무적 위험을 헤지(hedge) 한 것이다. 칼망여사는 이 계약을 통해 생전에 아파트 가격 대비 두 배의 금액을 받는 높은 이익을 거둔 성공적인 거래를 하였다.

둘째, 공증인의 입장에서는 칼망 여사의 사망 시기에 대한 판단이 틀렸다. 공증인은 칼망 여사가 94세이고 조만간 사망할 것으로 예측했기에 계약을 체결했을 것이다. 공증인으로서는 거의 발생하지 않을 것으로 예측한 사건이 실제로는 발생하여 본인 생존 기간에는 현금만 지급하고 아파트에서 살아 보지도 못했다.

일반적으로, 장수위험이란 한 개인이 퇴직 후 예상보다 더 살게 됨으로써 발생하는 위험으로 정의한다. 장수위험은 일반적으로 개인과 연금 상품을 판매하는 금융회사에 닥치는 위험이다. 개인에게는 사망 이전에 모아놓은 자산이 소진될 위험을, 금융회사에게는 수급자의 수명이 늘어 지급금이 늘어나는 재정적 위험을 의미한다. 이처럼 장수리스크는 고령층 인구가 증가함으로써 매우 중요한 위험 요소로 부각되고 있다. 이제 장수리스크는 개인의 문제만이 아니다. 국가가 마련해야 하는 공적연금 및 사회 복지 정책 등 각종 경제·사회적 정책 외에 사적연금 사업 등 금융시장 분야에서도 심각하게 대응해야 할 핵심 사항이 되고 있다. 장수위험의 증가는 노령인구의 은퇴 후 생활 수준의 하락뿐 아니라 정책 당국자인 정부와 공적 연기금 운용기관, 보험사 등 금융회사의 재정부담을 가중시켜 사회 전반 분야와 금융시장에 영향을 미치게 된다. 이러한 장수위험을 측정할 때는 고령층 인구 예측의 정확성이 매우 중요하다. 정책당국은 장래인구 추계치에 따라 정부가 부담해야 할 비용을 사전에 정해 둘 것이다. 이때 고령층의 장래 추계 전망이 과소 예측되었다면 정부의 재정 부담 및 개인의 부담이 가중될 것이므로 보다 정확한 장래인구추계 과정이 필요하다.

2. 장수(長壽)가 불러오는 사회적 현상

1) 무전장수(無錢長壽)

고령자들의 재정적 위험은 자신의 수명보다 소득 및 자산이 더 빨리 없어지는 것이다. 고령자들은 '재산이 먼저 죽느냐, 아니면 내가 먼저 죽느냐'를 절실하게 고민하고 있다. 한참 살아갈 날이 많이 남았는데 가진 돈을 다 써버려 빈털터리가 된다면 난감한 처지가 될 수밖에 없기 때문이다. 재정 기반 없이 장수하는 건 위험을 불러올 수 있으므로 재산의 수명이 육체의 수명보다 길어야 한다.

개인적으로 재산 수명을 줄이는 위험 요소를 파악해 방지하고, 재산 확대 전략을 동시에 펼쳐나가야 하는데 개인이 재산 수명을 갉아먹는 위험요인의 종류, 주요 내용 및 대응 방안을 알아본다.

📊 표 2-1 재산 수명을 줄이는 위험 요소

위험 요인	주요 내용	대응 방안
인플레이션	지속적인 물가상승으로 실질 자산 가치가 하락하는 위험	물가 연동형 채권, 연금 구입(체증형 연금 구입)
거액의 의료비	예기치 못한 사고, 질병	생활 습관의 개선 민간 의료보험 가입 별도의 의료비 마련
노인성 질환	치매, 뇌졸중 등	간병비용 마련 간병보험 등의 활용
여가 시간을 위한 지출	취미활동, 여행 등 비용	은퇴 자금 마련 시 사전에 충분히 고려 적정한 선에서 여가비용 충당
투자손실	주가, 금리의 변동으로 인한 연금 자산 등의 손실	위험성향에 맞는 투자상품 선택하기. 적정한 위험 상품 투자가 필요함.
금융사기	부실 펀드 투자, 부실 금융기관 거래. 전화사기 등	사기, 기만등에 대해서 항상 주의를 기울여야 함. 금융기관 거래 시 자산을 고정화 하도록 연금형태로만 인출할 수 있게 선택

2) 길어지는 근로기간

장수의 영향으로 우리나라의 실질 은퇴연령도 높아지고 있다. 우리나라는 평균 72.3세로 OECD 국가 중에서 1위다(2018년 OECD). 실질 은퇴 연령 이란 한 개인이 형식에 관계없이 정기적 급여(예: 월급)를 받는 일을 완전히 그만두고 경제활동에서 물러나는 나이를 뜻한다. 어떤 형태로든 돈을 받고 일하는 개인은 은퇴자가 아니다. OECD 평균은 65세였고, 스웨덴(66.4세), 미국(67.9세)에 은퇴한다. 가까운 일본은 70.8세이다.

3) 늘어나는 재정 및 사회적 부담

개인의 기대여명이 빠르게 증가하니 예상하지 못한 지출이 발생하여 경제적 위험에 처해진다. 정부 입장에서 장수위험의 경제적 크기는 예상치 못한 고령인구 증가로 인한 재정지출의 증가로 측정한다. 정부의 재정지출 항목에서 공공부조 성격의 국민기초생활보장, 사회보험 성격의 건강보험과 노인장기요양보험, 국민연금(공무원연금, 사학연금, 군인연금, 기초연금 등)이 장수위험의 영향을 크게 받는다. 장기적으로 재정 지출이 수입을 앞지를 것으로 예상됨에 따라 향후 적립금 고갈 및 재정적자 발생으로 사회적 부담은 증가하게 된다.

3. 장수위험을 커버하는 연금

장수위험을 커버하는 가장 중요한 대안은 체계화된 다층 보장 연금보장 시스템을 국가와 개인이 공동으로 구축하는 것이다. 우리나라의 연금 체계는 1층 국민연금, 2층 퇴직연금, 3층 개인연금의 3층 연금체계를 갖추고 있다. 장수위험을 커버하기 위해서는 3층 연금체계가 은퇴 직전의 소득을 대체할 일정한 수준이 되어야 한다. 하지만 2018년 기준, 한국의 공적·사적 연금소득대체율은 43.4%로 은퇴 전 평균소득의 절반에도 못 미쳤다. 반면 G5 국가들은 평균 69.6%에 달했다(한경연, 2021). 이러한 추세는 연금에 대한 제도 및 인식개혁이 급격히 변하지 않는 한 격차를 줄이기는 G5 국가들을 따라잡기는 쉽지않을 것으로 보인다.

특히 연금으로 받는 연금 재산을 충분히 확보해야 하지만 실상은 그렇지 못하다. 현실적으로는 노후에 연금으로 돈을 일정액 찾기보다는 일시금을 찾는 연금퍼즐(annuity puzzle)[2] 현상이 발생하고 있다. 공적연금

---

2) 연금퍼즐(annuity puzzle) 현상이란 노벨경제학상 수상자인 프랑코 모딜리아니가 1985년 노벨 경제학상 수상 연설에서 제기한 문제로 합리적 선택이론에 따르면 연금이 장수위험에 대응하는 매력적 수단으로 예측되지만 은퇴자 중 자산의 상당 부분을 연금화하는 사람이 적은 현상을 말함.

📊 표 2-2 **한국 vs. G5주1)의 사회안전망(연금) 비교**

			대한민국	미국	일본	독일	영국	프랑스	G5
공·사적연금 소득대체율			43.4% (OECD 32위)	83.7% (7위)	61.5% (21위)	68.0% (17위)	61.0% (22위)	73.6% (12위)	69.6%
공적 연금	연금 수급 개시 연령	현행	62세	65세	65세	65세	66세	67세	65~67세
		상향 예정	65세 *'33년	67세 *'27년	75세 *희망시. '22년	67세 *'29년	68세 *'46년	–	67~75세 *'22~'46년
	보험료율주2)		9.0%	12.4%	18.3%	18.6%	25.8%	27.5%	20.5%
	완전연금 가입기간주3)		20년	10년	25년	45년	35년	43년	32.6년
사적 연금	세제지원율주4)		20.0% (납입금 比)	41.0%	31.0%	21.0%	24.0%	28.0%	29.0%
	가입률주5)		16.9% (15~64세 인구 比)	62.9%	54.3%	70.4%	51.0%	33.0%	54.3%

주: 1) 고령화율('20년 기준): 韓 15.7%, 美 16.9%, 日 28.9%, 獨 211.8%, 佛 20.4%
   2) 보험료율(사용자부담분＋근로자부담분) '18년 기준
   3) 완전연금은 감액되지 않은 연금으로, 각국 법령에서 완전연금 수급에 필요한 가입기간 규정
   4) 사적연금 세제지원율(납입금 중 세액감면·공제 등 세제혜택을 받는 비율) '18년 기준
   5) 사적연금 가입률 일본·영국 '18년, 프랑스 '17년, 미국 '16년, 독일·한국 '15년 기준
자료: OECD 「Pensions at a Glance('19년)」, 「Pensions Outlook('18년)」, 고용노동부(('19년) 등

인 국민연금의 경우 수급 조건을 갖추게 된 가입자는 연금 형태로만 수령해야 한다. 사적연금인 퇴직연금 및 개인연금은 연금과 일시금 중 선택이 가능하기 때문이다. 퇴직연금 중 계좌 기준으로 96.7%, 금액 기준 65.7%가 일시금으로 수령하고 있다(2021년 기준). 한편 연금저축의 계약당 연 295만원에 머물러 있다(2021년 기준). 이러한 연금 퍼즐 현상은 우리나라에만 나타나는 것이 아니라 선진국에서도 공통적으로 나타나는 현상이다. 우리나라도 연금퍼즐 현상을 해소하기 위한 제도적 보완 장치 마련(퇴직금을 연금으로만 수령 또는 연금수령 시 퇴직소득세 경감, 연금수령 시 세제혜택 강화 등)이 시급하다 하겠다.

학습내용정리

- 인구고령화는 출산율 저하 및 의료기술의 발달과 생활 수준의 향상으로 평균수명이 길어져 노인인구가 증가하기 때문이다. 인구고령화는 생산가능 인구의 감소로 경제성장의 둔화 등 다양한 문제점이 발생한다.

- 장수위험은 개인이 퇴직 후 예상보다 더 살게 됨으로써 발생하는 위험이다. 장수가 축복이 되기 위해서는 노후에 사용할 자금이 충분히 있어야 한다. 이러한 장수위험을 커버하는 것 중 하나가 연금제도이다.

- 연금퍼즐 현상은 장수위험에 대응하는 매력적 수단이지만 은퇴자 중 대부분은 연금화하지 않는 현상을 말한다.

학습 용어 정리

기대수명(life expectancy)

0세의 출생아가 향후 생존할 것으로 기대되는 평균 생존연수를 뜻하며, 평균수명 또는 0세의 기대여명이라고도 한다. 통계청 생명표 전망에 따르면 우리나라의 2030년 전체의 기대여명은 85.2세 이며 여자는 87.7세, 남자는 82.6세로 추계하고 있다.

인구고령화

평균 수명의 증가, 출산율 저하로 65세 이상 고령자 인구의 비율이 점차 높아지는 현상을 말한다. 국제연합(UN)의 기준에 따르면 전체 인구에서 65세 이상이 차지하는 비율인 고령자 인구 비율이 7% 이상이면 고령화 사회, 14% 이상이면 고령 사회, 20% 이상이면 초고령 사회로 구분된다. 우리나라의 경우 고령화 속도가 매우 빨라 2000년에 고령자 인구 비율이 7.2%에 이르러 고령화 사회로 진입한데 이어 2018년에는 14.3%로 고령 사회로 진입하고 2025년에는 20.6%로 초고령 사회로 진입할 것으로 전망된다. 인구 고령화를 겪는 사회는 노동력 부족, 생산성 저하 등으로 경제 성장이 둔화되고 노인 부양비 상승과 의료 및 복지비용 증가 등의 경제적 부담을 안게 된다.

소득대체율(Income Replacement Rate)

퇴직 전 일정 기간 평균소득(또는 퇴직 전 최종소득) 대비 퇴직 이후 소득(연금소득, 금융소득 포함)의 비율을 말한다.

안정적인 노후생활을 위해 OECD에서 제시하고 있는 적정 소득대체율(전(全)근로기간의 생애평균소득 기준)은 70% 내외 수준이다. 최근에는 연금소득대체율(pension replacement rate)로 설명하는 경향이 강하다. 연금소득대체율은 퇴직 전 평균소득(또는 퇴직 전 최종소득) 대비 연금소득의 비율로 정의된다.

장수리스크(Longevity Risk, Extra Survivorshop Risk)

보험학에서는 예상 수명보다 오래 생존할 가능성을 말하며, 개인 재무관리 측면에서는 예상 수명보다 오래 생존함에 따라 노후를 위해 준비해 놓은 퇴직자산이 부족해지게 될 가능성을 의미한다.

파산위험(ruin risk)

한 개인이 사망전까지 자신의 자산을 모두 소진 할 위험

합계출산율(total fertility rate, TFR)

임신이 가능한 여성(15~49세) 1명이 평생 동안 낳을 것으로 예상되는 평균 출생아 수를 나타낸 지표로 연령별 출산율의 총합이며, 출산력 수준을 나타내는 대표적 지표이다. 우리나라의 합계출산율은 2000년 1.48, 2010년 1.123, 2022년 0.78로 계속 낮아지고 있다.

예시문제-○×문항

01. 호모헌드레드(homo hundred)란 용어는 2009년 UN에서 처음 사용한 용어로 100세 장수가 보편화되는 시대를 의미하는 용어이다.

02. 현재 인구 수준을 유지하려면 합계출산율이 2.0 수준이 되어야 한다.

03. 인구오너스(demographic onus) 현상이란 인구가 증가하면서 생산과 소비도 증가해 경제성장이 가파르게 상승하는 현상을 설명하는 용어이다.

04. 고령화 문제의 사회적 측면에서는 노인빈곤율, 청장년층의 재정 부담 증가, 노인 소외 등의 문제가 발생한다.

05. 인구고령화의 경제적 측면에서는 사회 전체의 소비가 줄어들어 실버경제가 발전할 요인이 없다.

06. 장수위험은 개인이 오래 살면서 발생하는 위험으로 개인에게만 국한된 위험이다.

07. 장수위험을 대비하는 가장 중요한 대안은 연금체계를 잘 갖추는 것이다.

08. 고령자는 금융사기를 당하지 않으려면 금융기관 거래시 자산을 고정화하도록 연금형태로만 인출 할 수 있게 선택하는 것도 대응 방안 중 하나이다.

정답

01. (○)
02. (○)
03. (×) – 인구보너스에 대한 설명
04. (○)
05. (×) – 고령화로 인해 실버경제는 발전하게 됨
06. (×) – 장수위험은 개인으로부터 발생 하지만 국가 및 금융회사도 위험에 직면하게 됨
07. (○)
08. (○)

09. 인플레이션 위험을 헤지하기 위해서는 정액형 연금을 구입하는 것이 좋다.

10. OECD 기준에 따르면 실질은퇴연령이란 각 국가가 지정한 정년까지를 의미한다.

정답

09. (×) – 인플레이션 위험 헤지를 위해서는 체증형 연금 구입이 좋다.

10. (×) – 고용의 형태와 관계없이 일을 완전히 그만 두고 경제활동에서 물러나는 나이

예시문제-빈칸 채우기

01. 전 세계적으로 100세 이상 생존한 사람을 지칭하는 용어로 (   )이라고 한다.

02. 고령화의 주요 원인은 출산율 저하에 다른 (   ) 인구의 감소와 의료기술의 발달로 생활수준의 향상으로 (   )이 길어져서 노인인구가 증가하기 때문이다.

03. 고령화는 사회복지 부담을 증가시킨다 (   ), (   ) 등과 같은 사회보장성 기금 등의 재정상태가 약화된다.

04. 자신이 죽기 전에 가진 재산을 모두 날릴 위험을 (   )이라고 한다.

05. (   ) 현상이란 노벨경제학상 수상자인 프랑코 모딜리아니가 1985년 노벨 경제학상 수상 연설에서 제기한 문제로 합리적 선택이론에 따르면 연금이 장수위험에 대응하는 매력적 수단으로 예측되지만 은퇴자 중 자산의 상당 부분을 연금화하는 사람이 적은 현상을 말한다.

 정답

01. (백세인(百歲人; Centenarian)
02. (유소년), (평균수명)
03. (건강보험료), (국민연금)
04. 파산위험(ruin risk)
05. 연금퍼즐

예시문제-논술형

01. 고령화는 산업화의 성숙에 따른 인구변천의 보편적 과정이라 알려져 왔다. 고령화가 발생하는 원인 두 가지를 언급하고 각각에 대해 설명하시오.

02. 장수위험에 대해서 설명하시오.

03. 무전장수와 관련하여 개인의 재산 수명을 갉아먹는 위험요인의 주요 내용과 대응 방안을 기술하시오.

04. 연금퍼즐 현상이 무엇인지 설명하시오.

05. 연금소득대체율에 대해서 설명하시오

MEMO

학습개요

본 장에서는 은퇴 이후의 생활에 필요한 자금을 마련하기 위한 경제적 은퇴 준비의 중요성이 점증하는 추세에 있다. 이를 준비하기 위해 우리 사회가 제공하는 다층연금제도를 학습한다.

학습목표

0층과 1층에 해당하는 기초연금 및 국민연금에 대해 학습하며 특수 직역연금인 공무원 대상의 공무원연금, 사립학교 교원의 사학연금, 군인을 대상으로 하는 군인연금 및 별정우체국연금의 공적연금을 이해할 수 있다.

3

우리나라
다층연금제도 1

01 연금제도 개요

우리나라의 연금제도는 서양에 비해 역사가 짧은 편이다. 근대적 연금으로는 일제 강점기 때의 은급(恩給)제도를 시초로 볼 수 있다. 그럼에도 유사한 제도를 찾는다면 고려말 조선 초기의 과전(科田)을 들 수 있다. 과전은 맹자에서 찾아볼 수 있는 사자세록(仕者世祿), 즉, 벼슬한 이에게 당대는 물론 대를 이어 녹봉을 준다는 개념에 입각해 도입된 제도이다. 하지만, 지나치게 강한 소득보장이 문제가 되어 오래 지속되지 못하고 폐지되었다.

일제 강점기 때 군인과 관료 등에게 지급된 은급제도는 조선총독부의 고위 관리로 일한 우리나라 사람들에게도 퇴직 후 지급되었다. 은급제도는 당초 일제의 육군과 해군 퇴역자들에게 지급하기 위해 1875년에 도입된 제도로서 1884년부터 군인이 아닌 문관에게도 은급제가 시행되었고, 우리나라 사람 중 극소수가 해방 전까지 이 제도의 적용을 받았다가 해방 이후 중단되었다.

은퇴 이후의 생활을 안정적으로 유지하기 위해서는 정기적으로 들어오는 자금이 있어야 한다. 연금은 근로기간에 돈을 모아 두었다가, 은퇴 이후에 정기적으로 일정 금액을 나누어 받는 제도이다.

우리나라의 노후소득보장 체계는 세계은행(world bank) 및 경제협력개발기구(organization for economic co-operation and development: OECD) 등에서 권고하는 다층형 연금체계를 갖추고 있다. 0층에 해당하는 기초연금, 1층에는 국민연금이 노후소득 보장 체계의 기본 역할을 하고 있다. 2층에는 퇴직연금 및 3층에는 개인연금(연금저축)을 통해 추가적인 노후소득을 마련할 수 있는 제도가 갖추어져 있다. 여기에 개인의 생애동안 적립한 주택과 농지 자산을 기반으로 하는 주택연금(농지연금 포함)을 포함할 경우 4층 연금체제를 갖춘 셈이다.

이러한 다층연금체계는 1994년 세계은행이 발간한 보고서인 '노년 위기의 모면(averting the old age crisis)'에서 처음 선보였다. 노후 자금의 상당액을 연금으로 준비한다고 할 때 사회가 보장하는 연금을 1층, 기업이 보장하는 연금을 2층, 개인이 준비하는 연금을 3층으로 명명했다. 이후 2005년 세계은행은 '21세기 노년층 소득지원(old age income support in the 21st century)'에서 기존의 다층 연금체계인 3층에서 1층으로 분류되었던 국가가 보장한 사회보장연금을 0층과 1층으로 세분화하여 기초연금과 공적연금으로 구분하였다.

1. 공적연금: 국가가 운영하는 노후보장제도

1) 기초연금: 국민연금에 가입하지 못하였거나 연금액이 충분하지 않은 고령층에게 지급하는 연금
2) 국민연금: 일반 국민을 대상으로 하는 대표적인 연금제도
3) 직역연금: 공무원, 군인, 사립학교 교직원 등 특정 직업군을 위한 연금제도

2. 사적연금: 기업 및 개인이 준비하는 연금

1) 퇴직연금: 기업이 근로자의 노후생활을 위해 지급하는 퇴직급여 제도
2) 개인연금: 개인이 스스로 좀 더 나은 노후를 준비하기 위해 가입하는 연금

3. 자산을 연금화한 상품

1) 주택연금 및 농지연금: 보유하고 있는 집/농지를 담보로 매달 연금을 받는 상품
2) 즉시연금: 목돈을 맡기고 매달 연금 형태로 지급 받는 상품

02 기초연금

1. 개 요

　　세계은행 연금 체제의 구분에서 0층에 해당하는 우리나라 기초연금은 저소득 고령자층을 대상으로 최초 2007년 기초노령연금제도로 도입된 후 2014년에 기초연금으로 명칭이 변경되었으며 노후보장체계의 가장 하단을 담당하고 있다. 노인층의 안정된 노후생활을 지원하기 위해 1988년부터 국민연금제도가 시행되었지만 시행된 지 오래되지 않아 국민연금에 가입하지 못했거나 가입했더라도 기간이 짧아 충분한 연금을 받지 못하는 경우가 많았다. 이러한 상황에서 기초연금 제도를 도입함으로써 저소득 노인층에게 안정적인 소득 기반을 제공함으로써 생활 안정

그림 3-1 　우리나라 연금체계 및 주요 고려사항

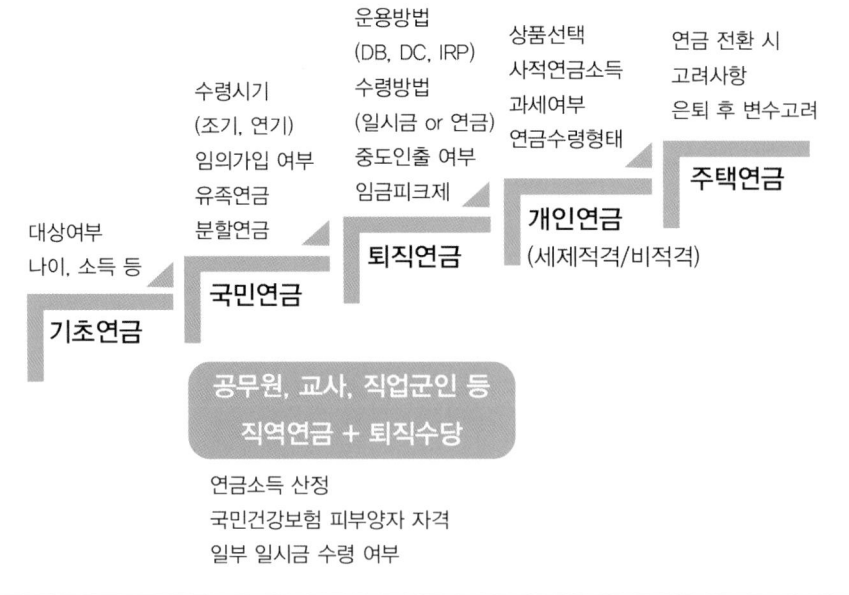

을 지원하고 복지를 증진하는데 목적이 있다. 우리나라의 기초연금은 65세 이상 노인으로 일정 소득 이하인 사람에게 지급하는 선별주의 제도로서 사회보험 방식이 아니라 공공부조 형태이다.

기초연금 도입의 의의는 미래 세대의 경우 더 많이, 더 오래 국민연금에 가입할 수 있다. 따라서, 향후 국민연금과 기초연금을 합하여 안정적인 연금 혜택을 누릴 수 있게 된다. 그리고 국민연금제도 성숙도에 따라 자동적으로 기초연금이 조정되므로 미래의 재정 부담도 줄어들게 된다. 따라서, 현재의 심각한 노인빈곤 문제를 해결하면서, 미래 세대의 부담을 덜면서 노후에 안정된 혜택을 누릴 수 있는 제도이다.

2. 경　과

우리나라의 기초연금 도입 전에는 소수의 가난한 노인을 대상으로 하는 경로연금[1]만 시행되었고 국민연금의 사각지대가 넓어 많은 수의 노인, 특히 중하위 소득계층의 노인이 제대로 된 생계보장을 못 받고 있었다. 이런 상황에서 경로연금이 제대로 된 공적제도로서 역할을 수행하기 위해서는 금액 인상은 물론 대상자도 대폭 확대되어야 한다는 요구가 줄기차게 제기되었다. 이런 배경하에 2007년 국민연금 2차 제도개혁 때 기초노령연금제도가 함께 도입되었다. 당시 국민연금 소득대체율을 60%에서 순차적으로 40%까지 조정하는 대신에 2008년 1월부터 기초노령연금제도를 도입하여 국민연금제도의 사각지대에 있는 저소득 고령자층에 대한 사회보장을 실현하고자 한 것이다. 초기 기초노령연금제도 대상자는 70세 이상 노인의 60%로 적용되었고, 당해 7월부터는 65세 이상 노인의 60%로 되었다가 2009년부터는 65세 이상 노인의 70%로 대상자가 점차 확대되었다. 이러한 기초노령연금이 2014년에 기초연금으로 명칭이

---

1) 경로연금은 1998년 국민연금이 전 국민으로 확대될 즈음에 당시 65세 이상 노인들이 연령요건으로 인해 국민연금에 가입하지 못하게 됨에 따라 이들의 소득을 보충적으로 지원해 주기 위해 도입된 제도이나, 제도 시행 10년이 넘도록 지급대상자도 적고 연금액도 소액이라 소득보장의 기능을 제대로 수행하지 못하고 있었다.

📊 표 3-1   우리나라의 기초연금

구 분	도입연도	주요내용
경로연금	1998	국민연금 제도 시행(1988년) 당시 65세 이상 노인들이 가입하지 못하게 됨에 따라 이들의 소득을 보충적으로 지원하기 위해 도입
기초노령 연금제도	2008	국민연금제도 사각지대에 있는 저소득 고령층 대상
기초연금	2014	저소득 고령층 중 국민연금이 30만원 이하인 사람에게 제도 도입당시 20만원 지급하기 시작

변경된 것이다. 즉, 18대 대통령 선거 당시 기초노령연금제도 확대가 대선 공약이 되었고, 여러 논란을 거쳐 최종적으로는 기초연금으로 명칭이 변경되어 만 65세 이상 고령자의 70%를 대상으로 최대 급여[2]를 기준으로 차등 지급하는 방안으로 2014년 7월부터 시행되었다.

3. 수급권자의 범위

기초연금의 수급 대상자는 대한민국 국적을 가지고 국내에 거주(주민등록법 제6조 1, 2호에 따른 주민등록자)하는 65세 이상 노인으로서 가구의 소득인정액(소득평가액＋재산의 소득환산액)이 선정기준액 이하여야 한다. 보건복지부 장관이 선정기준액을 정하는 경우 65세 이상인 사람 중 기초연금 수급자가 100분의 70 수준이 되도록 해야 한다(기초연금법 제3조, 기초연금 수급권자의 범위 등). 다만, 연금의 수급권자와 그 배우자가 공무원연금·사학연금·군인연금 등 특수직역 연금 수령자 등 관계 법령에서 정하는 사람에게는 기초연금을 지급하지 않는다.

---

2) 2014년 최대 20만원 지급되는 급여는 점차 상향 조정되고 있으며 2023년 기준 단독수령의 경우 323,180원, 부부 공동 수령의 경우 517,088원이다.

4. 기초연금액의 산정

기초연금은 2014년 도입 후 소득 수준과 인플레이션율 등을 고려하여 소득인정액과 기초연금 지급액을 인상해왔다. 2014년 도입 당시 선정기준액은 단독 87만원, 부부 139.2만원에서 2023년 단독 202만원, 부부 323.2만원이다. 기초연금의 소득인정액은 소득액에 소득환산액을 더한 값이다. 도입 이후 최근까지 노인 증가 속도가 빨라 소득인정액 기준도 가파르게 올라왔다. 2023년 기준으로는 단독 202만원, 부부합산 323.2만원으로 증가하였다. 이를 기준으로 2023년 경우 단독으로 수령하는 경우 32만원 수준의 기초연금을 지급하고 부부가 수령하는 경우 약52만원을 지급한다. 이러한 금액은 매년 변동된다.

기초연금액은 감액될 수 있다. 산정된 기초연금액은 가구 유형, 소득인정액 수준에 따라 감액될 수 있다. 우선 부부 감액으로 단독가구와 부부가구 간의 생활비 차이를 감안하여, 부부가 모두 기초연금을 받는 경우에는 각각에 대하여 산정된 기초연금액의 20%를 감액(2023년 기준) 한다. 다음으로 소득 역전 방지 감액으로 기초연금을 받는 사람과 못 받는 사람 간에 기초연금 수급으로 인해 발생할 수 있는 소득 역전을 최소화하기 위해, 소득인정액과 기초연금액(부부 2인 수급 가구는 부부 감액 이후)을 합한 금액과 선정기준액의 차이만큼 감액한다.

> ※ 단독가구, 부부 1인 수급 가구는 기준연금액의 10%, 부부 2인 수급 가구는
>   기준연금액의 20%를 최저연금액으로 지급

더불어, 기초연금제도와 기초생활보장제도와의 관계는 지속적으로 논의되고 있는 문제다. 65세 이상의 기초생활보장 수급자가 기초연금을 받는 경우, 수령한 기초연금액은 기초생활보장 수급자의 소득에 반영되어 기초생활보장 급여에 영향을 미치기 때문이다. 즉 기초연금액만큼 기초생활보장급여에서 공제되어 실질적으로는 기초연금의 혜택이 없으며, 경우에 따라서는 기초생활 수급 대상에서 제외될 가능성 또한 배제할 수

없다. 기초연금 수급으로 인해 기초생활보장제도에서 제외되더라도 기존보다 높은 금액을 갖게 될 수 있지만, 이와 같은 경우에는 기초생활보장 수급자에게 지원되는 각종 감면제도를 받지 못하게 되는 문제점이 있다. 이와 관련해서 두 제도의 관계 정립에 대한 논의는 계속되고 있다.

5. 기초연금제도의 재원 및 도입 효과

기초연금의 재정은 국가 또는 지방자치단체가 함께 부담한다. 국가는 지자체의 여건(지자체별 노인인구 비율, 재정 여건)을 고려하여 차등 지원을 한다. 미래에는 인구 구조의 변화 등으로 기초연금 재원에 대해서 지방자치단체의 부담으로 작용될 소지도 있다.

이러한 재정 지원 정책으로 인해 기초연금이 도입된 2014년 435만 명이던 수급자는 2023년 약 665만 명으로 증가하였다. 이로 인해 예산도 비례적으로 증가하였는데 기초연금 도입 당시 6.9조원이던 예산은 2023년에는 22.5조원으로 약 3.3배 증가하였다.

이와 같은 기초연금 지급은 노인빈곤율을 감소시키는데 기여하고 있다. 65세 이상 노인 상대빈곤율[3]은 2014년 44.5%에서 2021년 37.6%로

표 3-2 **연도별 기준연금액, 수급자 수, 예산**

〈연도별 기준연금액, 수급자 수, 예산〉									
연 도	'14	'15	'16	'17	'18	'19	'20	'21	'22	'23
기준 연금액 (만원)	20	20.2	20.4	20.6	25	30 (소득하위 20%이하)	30 (소득하위 40%이하)	30	30.7	32.3
수급자 수 (만명)	435	450	458	487	513	535	566	597	612 ('22.6.)	656 (예측)
예산(조)	6.9	10.0	10.3	10.6	11.8	14.7	16.8	18.9	20.0	22.5

자료: 보건복지부 2023.

---

3) 소득 수준이 중위소득 50% 이하에 위치한 노인(소득빈곤 노인)이 수가 전체 노인 인구에서 차지하는 비율

6.9%P 감소하였다. 하지만, 현재 우리나라의 노인빈곤율을 고려할 때 기초연금액 인상은 긍정적인 측면도 있지만 지속가능성 측면에서 문제가 되고 있다. 계속된 재정을 투입해야 하기 때문이다. 따라서 기초연금과 국민연금의 역할 분담, 재원조달 방식 등도 함께 고려하여 효율적 공적연금 체제로 발전시켜야 할 과제가 남아있다.

03 국민연금제도

국민연금은 국가가 상호 부조적 보험의 기본원리로 설계하여 감독하는 사회보장제도(사회보험)의 일종으로, 기본적으로 기여(보험료)에 기초하여 연금 수급권을 획득하는 사회보험방식이 주된 구조로 되어 있다. 즉, 국가가 가입자인 국민이 노령·폐질, 영구불구 및 사망으로 소득을 상실하였거나 소득이 줄어든 경우, 본인이나 그 유족에게 일정액의 금전급여를 지급하여 안정된 생활을 영위할 수 있도록 하는 장기적인 소득보장제도이다.

1. 국민연금제도의 개요 및 발전과정

국민연금은 사회보험 특성상 일반적인 공적연금과 마찬가지로 모든 국민이 가입대상이고, 소득이 있으면 반드시 의무적으로 가입해야 하는 강제성 보험이며, 세대내 소득재분배 기능(고소득자 → 저소득자)과, 세대간 소득재분배 기능(미래 세대 → 현재 세대)이 있다. 또한, 은퇴시점에 연금액을 산정할 때 물가 및 소득상승률을 반영하여 기본연금액을 산정하고, 연금지급 기간 중에도 소비자물가변동율에 연동하여 연금액이 조정되어 연금수급자의 구매력을 보전하는 기능이 있다.

우리나라에서 국민연금제도를 본격적으로 검토한 것은 1960년대 후반부터이며 70년대 초에는 법제화 작업까지 완료하여 1974년 1월부터 시행할 예정이었다. 그러나 1973년에 전 세계적으로 영향을 끼친 제1차 오일쇼크 등으로 인해 경제계의 어려움이 받아들여져 제도 시행은 무기한 연기되었다. 그러다가 88올림픽 유치를 기점으로 사회 전반적으로 복지제도에 대한 재검토가 진행되면서 우리나라 국민연금 도입이 급물살을 타기 시작하여 1986년 말에 국민연금법이 공포되고 1년의 유예를 거쳐 1988년 1월1일부터 국민연금제도가 시행되었다. 최초에는 상시 근로자 10인 이상 사업장부터 도입하기 시작하여 1992년에는 5인 이상 사업장으로 확대되고, 1995년 7월에는 농어민 및 농어촌 지역에 거주하는 지역주민까지 확대되었으며, 1999년 4월부터는 도시지역 주민까지 확대되어 전 국민 연금시대가 개막되었다. 이후 국내 국민연금제도는 2003년에 5

표 3-3 **국내 국민연금제도도입 및 발전과정**

실시년도	내 용
1973.12.24.	국민복지연금법제정·공포 (1974.1월부터 시행예정이었으나 제1차 오일쇼크 등으로 무기한 연기)
1986.12.31	국민연금법 공포(1987.9.18. 국민연금공단 설립)
1988.1.1.	국민연금 시행(상시 근로자가 10인 이상 사업장부터)
1992.1.1.	사업장 적용범위(5인 이상인 사업장)확대 시행
1995.7.1.	농어민 및 농어촌지역에 거주하는 지역주민에 확대 시행
1999.4.1.	도시지역 주민까지 확대하여 전국민 연금시대 개막
2003.7.1.	5인 미만 사업장(1인 이상 법인·전문 직종 사업장 포함)단계별 확대 적용
2008.1.1.	완전노령연금(가입기간 20년 이상)지급개시
2009.8.7.	공적연금연계제도 시행
2012.7.1.	10인 미만 사업장 저소득근로자에 대한 국민연금 보험료 지원 사업 시행 (두루 누리사업)
2014.7.25.	기초연금 지급 개시
2016.8.1.	구직급여 수급자를 대상으로 실업 크레딧 시행
2016.11.30.	경력단절 여성 대상으로 추후납부를 확대

인 미만 사업장까지 단계별로 확대 적용되었고, 2009년에 공적연금 연계 제도 시행 및 2014년 기초연금 도입까지 연계되어 우리나라 공적연금 체계의 틀이 완비되었다.

　대부분의 경우, 공적연금 등의 사회보험은 국가에서 직접 담당하는데 이는 사회보험 특성상 법으로 규정되어 강제성을 부여하기 위해서이다. 우리나라 국민연금도 국민연금법으로 규정되어 있으며, 현재 보건복지부가 담당부처로서 정책을 결정하고 책임을 지고 있다. 또한 국민연금 사업을 운영하는 실무적 집행기관이 필요한데 국내의 경우 국민연금공단이 1987년에 설립되어 국민연금 가입자에 대한 기록의 관리 및 유지, 급여의 결정 및 지급, 기금의 관리 및 운영, 노후설계 서비스 제공, 가입자 및 수급자를 위한 복지시설의 설치 및 운영 등의 업무를 수행하고 있다.

2. 국민연금 가입

　우리나라 국민연금 적용대상은 국내에 거주하는 18세 이상 60세 미만 국민으로서, 다른 공적연금에 가입하고 있는 공무원, 군인, 사립학교 교직원, 별정 우체국 직원 등을 제외한 전 국민이 대상이 된다.

　가입유형으로는 사업장 가입자, 지역가입자, 임의 가입자, 임의 계속 가입자로 구분된다.
- ▶ 사업장 가입자는 1인 이상 근로자를 사용하는 사업장 또는 주한외국기관으로 1인 이상의 대한민국 국민인 근로자를 사용하는 사업장(당연 적용 사업장)에서 근무하는 18세 이상 60세 미만의 사용자와 근로자(외국인 포함)를 말한다.
- ▶ 지역 가입자는 국내 거주하는 18세 이상 60세 미만 국민으로 사업장 가입자가 아닌 자를 말한다.
- ▶ 임의 가입자는 사업장 가입자 및 지역 가입자가 아닌 18세 이상 60세 미만인 자로서 본인 희망에 의해 가입이 가능하다.

▶ 임의 계속가입자는 60세에 도달하여 국민연금 가입자의 자격을 상
실하였으나, 가입기간이 부족하여 연금을 받지 못하거나 가입기간
을 연장하여 더 많은 연금을 받고자 하는 경우 65세에 도달할 때까
지 신청에 의하여 가입하는 자를 말한다.[4]

3. 연금보험료

연금보험료는 연금급여를 지급하기 위한 재정 마련을 목적으로 법률
에 근거하여 납부되는 것으로서 국민연금의 주된 재원이다. 보통 국민연
금의 수입으로는 연금보험료와 국고부담금이 있는데 적용대상자가 납부
하는 금액으로서 연금급여의 재원으로 사용되는 것이 연금보험료이고,
국민연금 사업관련 공단의 제반 관리 및 운영비로 사용하기 위해 정부가
부담하는 금액이 국고부담금이다. 즉, 국민이 부담하는 보험료 전액이
연금급여 재원으로 사용되는 구조인 것이다.

한편, 2011년부터 3개의 사회보험공단(국민연금공단, 국민건강보험공단,
근로복지공단)에서 따로 수행하던 건강보험, 국민연금, 고용보험, 산재보
험 보험료 징수 업무를 국민건강보험공단에서 통합하여 일괄 징수하고
있다. 이는 한꺼번에 걷은 후 각 공단으로 배분함으로써 보험료 징수의
효율성을 높인 조치이다.

연금보험료는 가입자 자격 취득시의 신고 또는 정기결정에 의해 결
정되는 가입자의 기준소득월액에 보험료율을 곱하여 산정된다.

연금보험료 = 가입자의 기준소득월액 × 연금보험료율

여기서 기준소득월액이란 국민연금의 보험료 및 급여 산정을 위하여

---

4) 임의계속가입자는 주로 60세가 되어도 가입기간이 부족하여 노령연금을 받을 수 없는
경우 신청하는 경우가 대다수인데, 세부적으로는 사업장 임의계속가입자, 지역 임의계속
가입자, 기타 임의계속가입자 등 크게 3가지 경우로 구분할 수 있다.

가입자가 신고한 소득월액에서 천원 미만을 절사한 금액을 말하며, 매년 최저금액과 최고금액 등 상·하한액을 정한다. 이러한 기준소득월액 상·하한액은 사업장가입자 및 지역가입자 전원(납부예외자 제외)의 평균소득월액의 3년간 평균액이 변동하는 비율을 반영하여 매년 3월말까지 보건복지부 장관이 고시하여 해당년도 7월부터 1년간 적용한다. 보통 신고한 소득월액이 하한액보다 적으면 하한액을 기준소득월액으로 하고, 상한액보다 많으면 상한액을 기준소득월액으로 한다.

표 3-4 **국민연금 보험료율 변화 추이**

(단위: %)

구 분		88~92	93~97	98~99.3	99.4~
사업장 가입자	계	3.0	6.0	9.0	9.0
	근로자	1.5	2.0	3.0	4.5
	사용자	1.5	2.0	3.0	4.5
	퇴직금 전환금5)	–	2.0	3.0	–

구 분	95.7~00.6	00.7~01.6	01.7~02.6	02.7~03.6	03.7~04.6	04.7~05.6	05.7~
지역/임의 및 기타 임의계속가입자	3%	4%	5%	6%	7%	8%	9%

한편, 출산, 육아나 직장을 그만두거나 휴직이나 실직 등으로 보험료를 안 낸 경우 이와 같은 보험료들을 찾아서 나중에 납부하는 제도를 추후납부 제도라 한다. 이 제도는 연금혜택을 확대시키고자 하는 것으로서 강제사항은 아니다.

5) 퇴직금전환금 제도는 가입자 및 사용자의 부담을 최소화하기 위하여 근로기준법에 의한 퇴직금 준비금을 연금보험료로 전환하는 제도로서, 1993년 1월부터 1999년 3월까지 전체 연금보험료의 1/3(3%)을 충당하였으나 법 개정으로 1999년 4월부터 폐지되었음

4. 연금급여

국민연금 수급요건에 해당되어 국가로부터 지급받는 금전을 연금급여라 하고, 국민 노후생활의 근원적 소득으로서의 역할을 수행한다.

연금급여의 종류로는 연금급여로서 노령연금(분할연금), 장애연금, 유족연금이 있고, 일시금 급여로 반환일시금, 사망일시금이 있다(법 제49조).

📊 표 3-5 **국민연금급여의 종류**

노령연금	가입 기간이 10년 이상일 경우, 일정나이(60~65세)가 되면 수급이 개시되어 평생 받는 연금
분할연금	이혼한 배우자였던 자의 노령연금 중 혼인기간에 해당하는 연금액을 나누어 받는 연금
장애연금	질병이나 부상으로 치료를 받았으나 장애가 남은 경우 장애등급에 따라 받는 연금
유족연금	가입자 또는 수급권자의 사망으로 인한 유족의 생계를 보호하기 위해 주는 연금
반환 일시금	연금을 받지 못하거나 더 이상 가입할 수 없는 경우 청산적 성격으로 주는 급여
사망 일시금	유족연금 또는 반환일시금을 받지 못할 경우 장제보조적 · 보상적 성격으로 주는 급여

노령연금은 노후소득보장을 위한 급여로서 국민연금의 기초가 되는 급여이고, 장애연금은 장애로 인한 소득감소에 대비하는 급여이다. 유족연금은 가입자(였던 자) 또는 수급권자의 사망으로 인한 유족의 생계를 보호하기 위한 급여이고 반환일시금은 연금을 받지 못하거나 더 이상 가입할 수 없는 경우 청산적 성격으로 지급하는 급여이며 사망일시금은 유족연금 또는 반환일시금을 받지 못할 경우 장제 보조적 · 보상적 성격으로 지급하는 급여를 말한다.

연금급여액 산정은 기본연금액에 연금종별 지급율을 곱한 후, 부양가족연금액을 합산하여 결정되는데, 기본연금액은 물가를 반영한 평균소득월액의 3년간 평균액(A값)과 가입자 본인의 가입기간 중 기준소득월액의 평균액(B값)을 더한 값에 비례상수(소득대체율[6] 대용)를 곱하고 출산 크레딧과 군복무 크레딧을 합산하여 급여부분을 계산하고 여기에 기간부분을 곱하여 산정한다. 부양가족연금액은 가족수당 성격의 부양급여로서 매년 별도로 결정된다.

 참고

노령연금

노령연금은 국민연금의 기초가 되는 급여이다. 가입기간(연금보험료 납부기간)이 10년 이상이면 60세(조기노령연금의 경우 55세) 이후부터 평생 동안 매월 지급 (노령연금수급연령 상향조정[7])된다.

조기노령연금은 가입기간 10년 이상, 55세 이상인 자가 소득 있는 업무에 종사하지 않고 60세(~65세) 도달전에 연금수급을 청구한 경우 60세 대비 매1년마다 6%씩 감액하여 지급하며 최대 5년(30% 감액)까지 조기 수령할 수 있다.

연기연금은 노령연금 수급자가 희망하는 경우(단, 1회에 한함) 최대 5년간 연금액의 전부 또는 일부 지급[8]을 연기할 수 있으며 연금개시 시 지급연기 신청금액에 대해 매년 7.2% 연금액을 상향 지급한다. 한편, 1998년 제1차 제도개혁 시 노령연금 수급연령이 상향 조정(60세 → 65세)되었는데, 2013년부터 매 5년 마다 1세씩 조정된다. 구체적으로는 아래의 표와 같다.

	국민연금
~ 2022년	62세
2023 ~ 2027년	63세
2028년 ~ 2032년	64세
2033년 ~	65세

---

6) 최종보수 대비 최초 연금월액의 비율을 말한다. 즉, 연금을 받아 생활하는 수준이 이전 소득수준을 얼마만큼 유지시켜 주는지를 나타내는 척도이다.
7) 노령연금 수급연령은 65세까지 상향조정중에 있음
8) 연기비율은 50%, 60%, 70%, 80%, 90%, 100%

　연금급여는 물가상승분이 반영된다. 또한, 동일인에게 2개 이상 급여의 수급권이 발생하는 경우 각각의 급액를 모두 지급하는 것이 아니라 수급권자의 선택에 의하여 1개의 급여만 지급되고, 나머지 급여는 지급 정지 되는 등 중복급여는 조정된다.

04 특수 직역연금

　특수 직역연금이란 국민연금제도와 별도로 운영되는 연금제도로서 우리나라에서는 공무원연금·사학연금·군인연금·별정우체국연금이 여기에 해당된다.

1. 공무원연금

1) 개 요

　우리나라에서 해방 후 최초의 연금은 공무원연금이다. 일제 강점기 때 군인과 관료등에게 지급되었던 은급제도가 해방 후 공무원연금으로 그 모습을 바꿔 우리나라에 도입된 것이다. 1950년대부터 논의가 시작되어 1960년 1월부터 공무원연금법 공포로 실시되었다. 한편 공무원연금은 특수직역연금으로서 사학/군인/별정우체국 연금과 함께 노후보장체계의 1~2층에 위치한다. 그동안 공무원연금은 총 3차례의 개혁 작업이 이루어져 왔다. 2001년 1차 연금개혁에서는 수지적자를 정부가 보전하도록 정부 역할을 강화 하였으며, 2010년 2차 개혁 시 수급구조·지급요건 조정으로 재정안정화 토대 마련 및 국민연금과 연계제도 도입으로 연금 사각지대를 해소하였다. 또한, 2015년 3차 연금개혁에서는 기여율 및 부담률을 인상(7% → 9%)하고, 연금지급율을 인하(1.9% → 1.7%)하며, 연금 지급 개시 연령을 연장(96년 임용자부터 단계적 65세)하는 등, 재정안정화 조치를 단행하였다. 이러한 공무원연금의 적용 대상은 정규공무원 외 국가 및 지방자치단체에 근무하는 기타 직원도 포함한다.

2) 목 적

공무원 연금제도는 공무원이 퇴직 또는 사망과 공무로 인한 부상·질병·장해에 대하여 적절한 급여를 지급함으로써 공무원과 그 유족의 생활 안정과 복리 향상에 이바지하는 것을 목적으로 한다. 또한 재직 중의 사고나 퇴직 후의 소득 상실에 대비하는 소득보장제도와 민간의 퇴직금에 해당하는 퇴직수당, 근로재해에 대한 보상, 부조적인 성격의 급여 그리고 후생복지 사업 등 다양한 보장프로그램을 가지고 있어 공무원들의 퇴직 후 노후생활을 안정적으로 보낼 수 있도록 하고 있다.

3) 공무원 연금제도의 운영

공무원연금제도는 국가가 책임을 지고 운영하는 공적연금이다. 전반적인 연금제도는 국가 인사혁신처에서 담당을 하고, 연금사업의 집행은 공무원연금공단에서 수행한다.

인사혁신처에서는 공무원연금제도를 관장하기 위해 3개의 위원회를 구성하고 있다. 공무원연금운영위원회는 연금제도 및 기금운용에 관한 중요사항을 심의한다. 공무원재해보상심의회와 공무원재해보상연금위원회에서 각각 재해에 관한 사항을 심의하고 급여 등 이의신청에 대한 재심을 하고 있다. 공무원연금공단에서는 비용징수 및 급여지급, 기금증식 사업 및 후생복지사업을 수행한다.

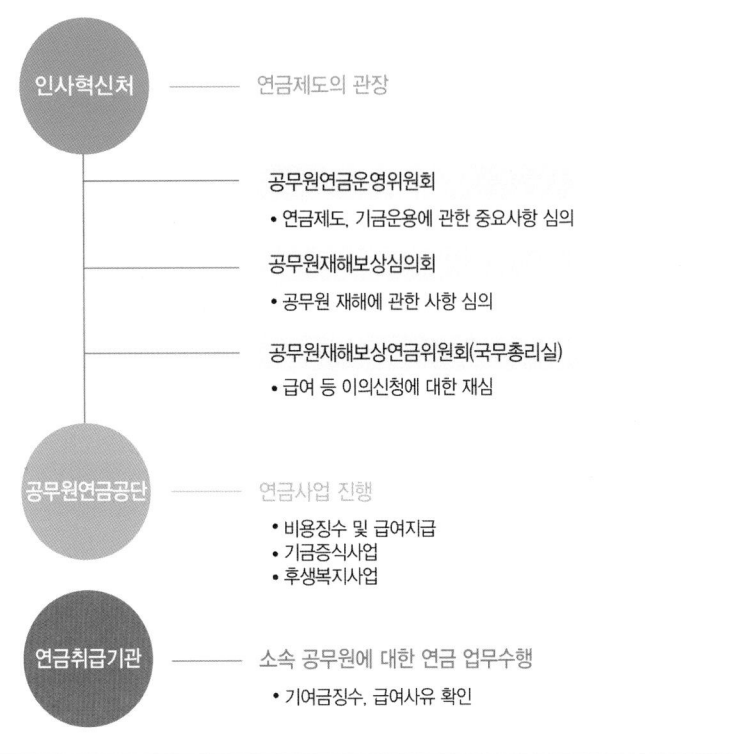

그림 3-2 공무원 연금제도의 운영

자료: 공무원연금관리공단.

4) 공무원연금의 운영, 기금조성 및 운용

공무원연금은 공무원이 납입하는 기여금과 국가 및 지방자치단체가 부담하는 부담금 수입금으로 퇴직공무원의 연금 등을 지급한다. 만일, 해당 연도의 수입금에서 그해의 급여비용을 충당할 수 없는 경우에는 부족한 금액을 국가와 지방자치단체에서 추가로 보전하도록 법으로 규정하고 있다. 또한 국가 및 지방자치단체는 연금 재정 안정을 위해 예산 범위 내에서 책임준비금을 연금기금에 적립해야 한다.

공무원연금에 가입된 공무원은 기준소득월액의 9%를 기여금으로 납입하고 국가 및 지방자치단체가 보수월액의 9%를 부담금으로 부담하여

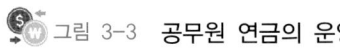

그림 3-3 **공무원 연금의 운영**

자료: 공무원연금공단, 득이 되는 연금 이야기.

총 18%의 보험료가 적립되어 운용된다.

공무원연금의 기금 관리 및 운용은 공무원 연금공단이 맡고 있다. 또한, 공무원연금기금은 공공기금으로서 공무원연금법과 국가재정법에 의거해 기금운용계획의 수립에서부터 기금 운용 실적의 제출, 기금 운용의 평가에 이르기까지 정부예산에 준하여 국무회의 및 국회에 제출토록 법제화되어 있다.

2. 사학연금

1) 개 요

사립학교 교원연금(사학연금)은 1975년에 도입되었는데 공무원연금과 매우 유사하다. 이는 적용 대상이 교직원으로서 공립학교 교직원이 적용받는 공무원연금과의 형평성을 고려하였다고 볼 수 있다. 다만, 공무원연금과 다른 점은 교원보험료를 고용자인 학교법인과 국가가 분담하여 부담한다는 점이다.

2) 목 적

사학연금은 사립학교 교직원의 퇴직, 사망, 직무상 질병·부상·장애에 대해 교직원 또는 그 유족에게 연금급여의 지급을 통한 생활안정 및 복지 향상을 목적으로 하고 있으며 노후보장체계의 1~2층에 위치하는 공적연금이다.

3) 사학연금의 운영, 기금조성 및 운용

사학연금은 공적연금의 주된 기능인 소득 보장과 민간기업의 퇴직금에 해당하는 퇴직수당제도, 민간의 근로 재해에 대한 보상제도와 동일한 역할을 하는 재해보상제도, 기타 상호부조적인 성격의 제도 등 종합적 사회보장 기능을 수행하며, 국·공립학교 교직원과의 처우 형평 차원상 공무원연금제도를 준용한다는 특성을 가지고 있다. 사학연금 보험료 체계는 교원 및 사무직원의 경우 2020년부터 개인부담률이 기준소득월액의 9%이고 법인 및 국가가 9%를 부담한다. 연금지급률은 매년 기준소득월액의 1.7%로 정해져 있다. 이러한 사학연금 관리는 사학연금공단에서 수행하고, 정책결정은 교육부에서 담당한다.

3. 군인연금

1) 개 요

군인연금은 최초 「공무원연금법」('60.1월 제정)에 포함되어 운영되었으나, 1963년부터는 군인이라는 직업적 특수성을 고려되어 「군인연금법」이 제정되고 독자적으로 운영되었다. 즉, 일반 공무원보다 우대받는 조항이 있다. 반면에 초기에는 본인 부담율이 다소 높게 적용 되었다. 이후 군인연금은 시차를 두고 공무원연금과 유사하게 운용된다. 2013년에는 기여금 및 급여 산정 기준보수를 변경하고 기여율을 인상하는 등 군인연금 개혁을 실시하였다.

2) 목 적

군인연금은 군인의 퇴직, 사망, 요양 시 본인이나 그 가족의 생활안정과 복리향상에 기여하기 위한 제도로서 군인이 재직기간에 납부한 기여금을 토대로 퇴직 시 연금 및 일시금을 지급받는 형태이다. 또한, 공무중 질병 또는 사고로 부상 당하거나 사망한 때에는 군인 혹은 그 유족에게 연금 및 기타 적절한 보상금을 지급하는 목적이 있다.

3) 군인연금의 운영, 기금조성 및 운용

군인연금의 적용대상은 원칙적으로 기여금을 납부하는 군인(부사관, 준사관, 장교)에 대해서 적용하고, 군인연금법상 급여 중 사망보상금과 장해보상금의 경우에는 기여금을 납부하지 않는 병사에 대해서도 지급한다. 군인연금의 보험료는 군인의 보수월액의 7%를 기여금으로 국가에 납부해야 하며, 국가 역시 군인이 납부하는 기여금에 상응한 7%를 부담하여 총 14%가 납입된다. 여기서 보수월액이란 군인의 계급과 복무기간에 따라 지급되는 월급여액으로서 봉급과 상여금의 연지급액을 12로 나눠 평균한 금액 및 대통령령으로 정하는 수당액을 합한 금액이다.

군인연금제도 운영주체는 국방부장관, 실무는 국방부 군인연금과에서 담당하되, 2012년 2월부터 일부업무(지급업무)는 국군재정관리단으로 이관되었다.

4. 별정우체국 연금제도

별정우체국 직원의 퇴직 또는 사망에 대해 적절한 급여를 지급함으로써 직원 및 그 유족의 생활안정과 복리향상에 기여하는 것을 목적으로 하는 공적연금제도를 말한다.

별정우체국직원의 퇴직급여제도는 별정우체국법의 개정을 통해 1982년 7월에 시행되었으며, 이후 1991년 12월에 연금제도로 확대 실시되었다. 이 제도의 운영을 담당하고 있는 별정우체국 연금관리단은 부담금의 징수, 급여의 결정과 지급, 자산운용, 직원의 복리증진을 위한 사업 등의 업무를 수행하고 있다. 별정우체국연금 보험료는 개인과 국가가 공동으로 부담한다. 직원이 납입하는 개인부담금은 보수월액의 9%(2020년 이후)이고, 국가는 개인부담금에 상응하는 금액을 납입한다. 여기서 보수월액은 직원의 종류 및 급별에 따라 지급되는 월급여액으로서 봉급과 법에서 정하는 각종 수당의 연지급 합계액을 12개월로 평균한 금액이다. 별정우체국직원의 급여에는 재해부조금, 사망조위금 등의 단기급여와 퇴직급여, 유족급여, 퇴직수당 등의 장기급여가 있다.

 참고

가교연금(bridge pension)

대기업에 근무하는 김연금(55)씨는 최근 고민이 생겼다. 그에게도 정년퇴직이 다가오기 때문이다. 가장 큰 고민은 역시 경제적인 문제. 1968년생인 그는 60세까지 회사에 다닌다 해도 퇴직 5년 뒤 64세가 돼야 정상적으로 국민연금을 받을 수 있다.

하지만, 60세 정년을 채우기도 만만치 않다. 고용노동부가 발표한 통계에 따르면 대다수 기업의 정년은 60세다. 그러나 직장인들의 실제 퇴직연령은 평균 53세였다.

1. 소득 크레바스

김연금씨의 고민은 은퇴 후 국민연금을 받기까지의 안정적인 소득이 없음에 따라 생활비 마련이 어렵기 때문이다. 김연금씨와 같이 은퇴 후 일정한 소득이 부족한 구간을 '소득 크레바스'라 부른다. 본래 크레바스(crevasse)는 빙하나 눈골짜기에 형성된 깊은 균열을 말한다. 소득 크레바스는 퇴직연령에 따라 다르지만 평균적인 직장인의 경우 소득 공백기가 5년에서 10년이 넘을 가능성이 높다. 은퇴 후 재취업을 하거나 모아둔 자산이 충분하다면 다행이지만, 그렇지 않은 경우 소득 공백기를 지혜롭게 헤쳐 나갈 해결책을 강구해야 한다.

출처: KDI 한국개발연구원

2. 가교연금

김연금씨와 같이 은퇴 후 공적연금을 수령할 때까지의 소득절벽을 구체적으로 대비하기 위해 장·단기적 계획을 세워야 한다. 일반적으로는 소득이 있을 때 납입해 두는 가교형 은퇴금융 상품으로 '소득 크레바스'를 대비하는 것이 바람직하다.

가교연금이란 이처럼 두 개 이상의 서로 다른 연금제도에 가입되어 있는 경우 연금수령가능연령이 앞서는 연금을 의미한다. 연금수령가능연령이 낮은 제도로부터 먼저 일정 부분 연금소득을 얻음으로써 연금수령가능연령이 높은 제도에서 연금이 지급되는 시점까지의 공백기를 메워준다는 의미에서 가교연금이라 부른다. 현행 근퇴법에서 10년 이상 퇴직연금제도에 가입한 근로자의 연금 수령 가능 연령이 55세이고 국민연금에서 노령연금 수령 가능 연령이 60세(2013년~2033년에 걸쳐 매 5년마다 1세씩 증가하여 2033년에는 65세로 상향 조정)이므로 퇴직연금제도가 55세부터 59세까지는 가교연금의 역할을 한다고 말할 수 있다. 퇴직연금이 가입되어 있지 않다면 개인연금도 가교연금으로 활용할 수 있다.

학습내용정리

- 우리나라 다층연금제도의 0층에 해당하는 기초연금은 만 65세 이상 노인의 70%를 대상으로 하는 보편적 연금제도이다.

- 연금제도는 공적연금제도와 사적연금제도로 구분되며, 여기서 공적연금제도는 기초연금, 국민연금 그리고 특수직역연금(공무원, 사학, 군인연금 등)이 있다.

- 국민연금은 소득이 있는 만 18세 이상 60세 미만이 가입해야 하는 강제연금이다. 가장 대표적인 급여가 노령연금으로 사망시까지 지급되는 종신연금이다.

- 우리나라의 특수직역연금에는 공무원연금, 사학연금, 군인연금 및 별정우체국연금이 있으며 다층연금체계에서 1층과 2층의 역할을 담당하고 있다.

학습 용어 정리

사회보험

국민에게 발생하는 사회적 위험을 사전에 예방할 목적으로 국가가 시행하는 보험제도를 의미한다. 법에 의한 가입의 강제성을 띠고 있다. 예로서 국민연금, 건강보험, 고용보험, 산업재해보험 등을 들 수 있다.

공공부조

최소한의 생활이 어려운 국민을 금전적, 물질적으로 지원하는 제도를 말한다. 최저 생활을 유지할 능력이 없다면 공공 부조를 요청하여 국가나 지방자치단체로부터 도움을 받을 수 있다.

크레딧 제도

출산, 군복무 및 실업에 대해 국민연금 가입기간을 추가 인정해주는 크레딧 제도를 통해 노령연금 수급기회를 확대하는 제도이다.

군복무크레딧

2008년 1월 1일 이후에 입대하여 병역 의무를 이행한 사람에게 6개월의 국민연금 가입기간을 추가로 인정해 주는 제도이다. 병역법에 따른 현역병, 사회복무요원, 전환복무자, 상근예비역, 국제협력봉사요원, 공익근무요원으로 6개월 이상 복무한 자에게 적용된다.

출산크레딧

08년 이후 둘째 자녀 이상을 출산 또는 입양한 국민연금 가입자에게 자녀수에 따라 12~50개월의 가입 기간을 추가로 인정하는 제도이다. 08년 이후 출산한 둘째 자녀의 경우 12개월, 셋째 자녀 이상인 경우 자녀 당 18개월 인정 (단, 최장 50개월까지만 인정)

자녀수	2자녀	3자녀	4자녀	5자녀
추가 인정기간	12개월	30개월	48개월	50개월

실업크레딧

구직급여 수급자가 연금보험료(인정소득의 9%-실업 전 평균소득의 50%로 하되 상한은 70만원)의 납부를 희망하고 본인 부담분 연금보험료(25%)를 납부하는 경우, 국가에서 보험료(75%)를 지원하고 그 기간을 최대 12개월까지 가입기간으로 추가 산입하는 제도이다.

두루누리사업

소규모 사업장에 사회보험료(고용보험과 국민연금) 일부를 지원하는 사업이다. 해당 조건의 근로자 보험료 중 근로자 부담분과 사용자 부담분 일부를 국가가 지원한다.

🌱 **예시문제-○×문항**

01. 모든 공적연금의 보험료 납부에는 국가가 일정 부분 분담한다.

02. 우리나라 공적연금제도는 국민연금과 특수직역연금이 있다.

03. 공적연금의 0층에 해당하는 연금은 기초연금이다.

04. 기초연금의 재정은 가입자가 내는 보험료가 아니라 조세로 충당한다.

05. 사업장 가입자의 국민연금 보험료는 가입자의 기준소득월액에 근로자가 4.5%, 사용자가 4.5%로 총 9%를 곱하여 최고한도 내에서 1999년 4월 이후 납부하고 있다.

06. 국민연금은 연금개시 지급 전에 신청에 의하여 조기에 받을 수도 있다.

07. 사학연금은 교직원 전체를 대상으로 시행하는 연금제도이다.

08. 공무원연금의 총 납입보험료는 14%이다.

🔒 **정답**

01. (×) − 국민연금은 개인과 기업이 부담
02. (×) 기초연금도 있음.
03. (○)
04. (○)
05. (○)
06. (○)
07. (×) − 용어 그대로 사립학교 교직원만을 대상으로 함.
08. (×) − 총 18%

09. 군인연금의 운영 주체는 재정기획부 장관이 주관한다.

10. 별정우체국연금 가입대상장은 우체국에 근무하는 모든 직원이 해당된다.

🔒**정답**
....

09. (×) – 국방부장관
10. (×) – 별정우체국 직원만 해당 됨

예시문제-빈칸 채우기

01. 우리나라 공적연금 중 직역연금은 (   ), (   ), (   )이다.

02. 우리나라 공적연금의 0층에 해당하는 (   )연금과 1층에 해당하는
    (   )연금이 있다.

03. 특수직역연금은 제도의 성격상 다층연금체계의 (   )층과 (   )층이
    결합되어 있다.

04. 국공립 학교의 교직원이 가입하는 연금은 (   )연금이다.

05. 군인을 대상으로 하는 특수직역연금을 (   )연금이라 한다.

예시문제-논술형

01. 기초연금의 도입의 의의에 대하여 설명하시오.
02. 국민연금 가입 및 수령요건에 대해 논하시오.
03. 국민연금 수령과 관련하여 조기노령연금과 연기연금의 차이점과 요건을
    설명하시오.
04. 우리나라 공적연금의 구성 체계에 대해서 논하시오.
05. 특수직역연금의 종류와 주요 내용에 대해서 설명하시오.

정답

01. (공무원연금), (사학연금), (군인연금)
02. (기초), (국민)
03. (1층), (2층)
04. (공무원)
05. (군인)

학습개요

본 장에서는 우리나라 다층연금체계 중 2층에 속하는
퇴직연금, 3층에 해당하는 개인연금 및 자산을 연금화
한 주택연금(농지연금 포함)에 대해 알아본다.

학습목표

2층에 해당하는 퇴직연금은 기존 퇴직금 제도의 문제
점을 개선하고 불충분한 국민연금을 보완하기 위해 도
입되었다. 퇴직연금제도, 제도의 종류 및 특징 등에 대
해 학습한다.

3층의 개인연금제도는 개인이 임의 가입하여 추가적
인 노후소득을 마련함으로써 좀 더 여유로운 생활을
할 수 있도록 도입된 제도로 연금저축의 종류 등에 대
해 이해한다. 더불어 자신이 축적한 자산을 기반으로
연금화하는 주택연금 및 농지연금의 개요 등에 대해
학습한다.

4

우리나라 다층연금제도 2

01 2층 연금: 퇴직연금

퇴직연금제도는 근로자의 노후생활을 보장할 목적으로 도입되었다. 퇴직연금제도를 이해하기 위해서는 근로기준법에서 정한 퇴직금제도와 퇴직급여제도의 이해가 필요하다. 기존 퇴직금 제도는 사용자가 근로자의 퇴직금을 기업의 장부상으로만 적립함에 따라 기업도산 시 근로자의 퇴직금을 지급하지 못하는 경우가 많았다. 또한, 중간 정산, 근로자의 잦은 이직에 따라 퇴직금이 통산되지 못하는 문제를 해결하고자 2005년 근로자퇴직급여보장법(이하 근퇴법) 제정 및 시행으로 퇴직연금제도를 도입하였다.

1. 퇴직급여제도 이해

1) 개 요

퇴직급여제도란 근로자의 안정적인 노후생활 보장을 위하여 근퇴법에 의하여 회사(사용자)는 퇴직하는 근로자에게 퇴직급여를 지급할 목적으로 설정한 제도이다. 사용자가 퇴직급여제도를 설정할 때는 동일 사업 내 차등 제도 설정을 금지하고 있다. 이에 따라 회사는 1년 이상 근무한 근로자를 대상으로 근속연수 1년마다 30일분 이상의 평균임금을 지급해야 한다. 퇴직급여제도에는 퇴직금제도와 확정급여형퇴직연금제도(이하 "DB형제도"라 한다) 확정기여형퇴직연금제도(이하 "DC형제도"라 한다), 중소기업퇴직연금기금제도 중 하나 이상을 설정해야 한다. 사용자가 퇴직급여제(퇴직금 제도 및 퇴직연금제도)를 설정하지 않은 경우에는 퇴직금제도를 설정한 것으로 간주한다. 회사는 퇴직금제도와 퇴직연금제도 중 하나 이상의 제도를 설정해야 한다. 다만, 계속 근로기간이 1년 미만인 자와 4주간을 평균하여 1주간의 소정 근로시간이 15시간 미만인 자는 제

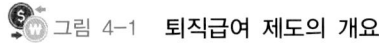

그림 4-1 **퇴직급여 제도의 개요**

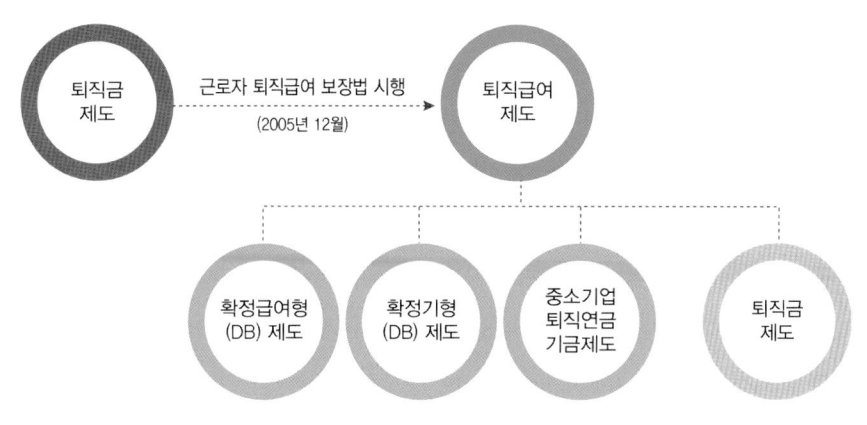

외된다.

현행 근퇴법에서 규정하는 퇴직금제도와 퇴직연금제도의 차이를 간단히 알아보면 다음과 같다. 가장 중요한 차이점은 급여 재원이 사내 적립되어 있는지와 사외 적립이 의무화 되어 있는지의 차이이다. 퇴직연금제도의 사외 적립 의무 조항이 근로자의 퇴직연금 수급권을 보장할 수 있다.

표 4-1 **퇴직금 제도와 퇴직연금제도의 구분**

구 분	퇴직금제도	퇴직연금제도
근거법	근로자퇴직급여보장법	좌 동
대상	1년 이상 근속 근로자	좌 동
급여 재원	사내 적립	사외 적립 의무
중도 이직 시	IRP로 이전[1)	IRP로 이전
급여 종류	일시금, 연금	좌 동

---

1) 2022년 4월 14일부터 사내퇴직금 제도로서 근로자의 퇴직금을 개인형 IRP 계좌로 이전하는 것이 의무화됐다. 개정 신설된 근로자퇴직급여 보장법 제9조 제2항에 따라 사용자는 퇴직금을 근로자가 지정한 개인형퇴직연금제도(IRP)의 계정으로 이전하는 방법으로 지급해야 한다. 다만 ① 55세 이후에 퇴직하는 근로자 ② 퇴직급여액이 300만원 이하인

1) 연 혁

(1) 퇴직금제도

우리나라 퇴직급여제도는 법정 제도인 퇴직금제도로부터 출발하였다. 최초 도입 당시 퇴직금제도는 1953년 「근로기준법」에 근거한 임의제도였다. 이후 1961년부터 30인 이상 사업장에 의무 적용 하였다. 이로써 각 사업장(회사)에서는 단체협약, 취업규칙 등에 퇴직금 지급 기준을 명시하게 되었다. 이후 적용 대상이 순차적으로 확대(16인 이상 1975, 10인 이상 1987년, 5인 이상 1989년)되었고 2010년부터는 4인 이하 모든 사업장에 적용되었다.

선진국의 경우 노후 소득 보장은 공적연금과 사적연금이 상호 보완적으로 마련되어 있다. 우리나라의 퇴직금제도는 근로자들의 노후소득 보장을 위한 제도로서 수행되기에는 몇 가지 문제점이 있다. 첫째, 중간 퇴직 및 이직 시에 일시금으로 사용하므로 정년퇴직 시 보전성이 약하다. 둘째 운영상의 규제나 법적인 지급 보장이 미흡하다. 퇴직금이 사내 적립되어 있기에 지급 보장에 한계가 있을 수밖에 없다.

(2) 퇴직연금제도

우리나라 퇴직연금제도 도입에 대한 논의는 1990년 후반부터 시작되다가 2001년 7월 노사정위원회에서 퇴직연금제도 도입을 논의하면서 본격화되었다. 이후 2005년 12월 1일 근퇴법 제정으로 퇴직연금제도를 전격 도입하게 된다. 퇴직연금제도는 퇴직금제도와 달리 근로자의 재직기간 중 회사는 퇴직급여 지급 재원을 퇴직연금사업자인 금융회사에 적립하고, 이를 운용하여 근로자 퇴직 시 일시금 또는 연금으로 지급하는 것이다

퇴직연금제도는 최초 도입 이후 지속적으로 제도 확산 및 정착을 위

경우 ③ 타 법령에서 퇴직소득을 공제할 수 있도록 한 경우 ④ 사망으로 인한 당연퇴직 및 외국인 근로자가 국외로 출국한 경우 등에 해당하는 경우는 IRP 이전 의무에서 제외된다. 물론 근로자 희망 시 IRP 계좌로 퇴직급여의 전부 또는 일부를 납입할 수 있다.

한 법령 개정 작업이 이루어져 왔다. 2012년 7월 26일 전면 개정된 「근로자퇴직급여보장법」에서는 퇴직급여 중간정산 제한, 개인형 퇴직연금제도(IRP: individual retirement pension) 확대 적용 및 중도 이직 시 퇴직급여 연속성 강화 등을 통해 근로자의 안정적인 노후 보장 기능을 강화하였다. 이후 2021년 근퇴법 일부개정에서는 중소기업퇴직연금기금제도(상시 30명 이하의 근로자를 사용하는 사업장 대상) 도입, 퇴직금의 IRP제도의 계정등으로 이전 의무화, 300인 이상 DB 사업장 적립금운용위원회의 구성 및 적립금운용계획서 작성 의무화 신설, DB 제도 퇴직연금 최소적립금 미적립 시 과태료 부과, 퇴직연금 가입자 교육기관 확대 등('22.4.14.시행), 사전지정운용제도(디폴트옵션) 도입, 합리적수수료 부과기준 마련등('22.7.12.시행)이 반영되었다.

💲Ⓦ 그림 4-2 **퇴직급여 제도 발전사**

퇴직금제도 도입	30인 이상 사업장 퇴직금제도 법적 강제	종퇴보험 도입	퇴직보험, 퇴직일시금 신탁도입	퇴직금 중간정산 도입	종퇴보험 폐지	퇴직연금 제도 도입	퇴직보험/ 신탁 폐지	중간정산 제한	중퇴기금 도입 IPS 의무화 등
1953년	1961년	1977년	1996년	1997년	2000년	2005년	2011년	2012년	2022년

참고　퇴직연금제도 도입배경

- 급속한 고령화와 노동시장의 여건변화에 대응
  - 급속한 저출산·고령화에 따른 노인빈곤 등의 문제를 해결하고 잦은 이직 등 노동시장 여건 변화에 따른 근로자의 노후생활 보장을 위하여 퇴직연금제도 도입 필요

- 기존 퇴직금제도의 문제점 개선
  - 근로자의 잦은 이직, 중간정산 등으로 퇴직금이 은퇴 이전에 생활자금으로 소진되어 노후재원으로 활용되지 못함
  - 사업주가 퇴직금을 장부상으로만 적립함에 따라 기업 도산 시 근로자의 퇴직금이 체불되는 문제를 개선할 필요

자료: 고용노동부.

2. 퇴직연금제도 도입의 장점

1) 근로자의 경우

첫째, 근로자의 퇴직금에 대한 수급권이 강화된다. 수급권이란 넓은 의미에서 근로자가 사용자의 지급불능 리스크로부터 퇴직급부를 보호받을 수 있는 권리를 의미한다. 퇴직연금은 근퇴법에 의해 사외적립이 의무화 된다. 이로 인해 사업장이 도산하더라도 사외의 신뢰할 수 있는 퇴직연금사업자(금융회사)에 적립금을 예치해 둠으로써 퇴직금을 받지 못할 가능성이 크게 줄게 된다. 특히, DC형제도의 경우 전액 근로자별 퇴직연금 계좌에 사외적립 되기 때문에 퇴직금을 떼일 염려가 없다. DB형제도의 경우 2021년부터 DB형 사외적립의무 비율이 100%로 상향됨에 따라 수급권이 훨씬 강화되었다. 사외적립의무비율 준수를 위해 퇴직연금사업자는 재정검증 결과를 사용자에게 통보해야 한다.

둘째, 세금혜택이 제공된다. 퇴직연금과 관련한 세금혜택은 적립 단계, 운용단계, 수령단계로 구분하여 살펴볼 수 있다. 먼저 적립단계로 근로자의 퇴직연금 계좌에 추가 납입한 금액은 연금계좌(연금저축 + 퇴직연금)와 합산하여 연간 900만원까지(2023년 현재 기준) 세액공제를 받을 수 있다. 운용단계에서 얻은 수익은 세금이 공제되지 않아 전액이 재투자 재원으로 활용되기 때문에 일반 금융상품에 비해 이자소득세 만큼 매년 투자원금이 증대되는 효과가 있다. 퇴직급여 수령단계에서는 연금 또는 일시금으로 근로자가 선택하여 수령할 수 있는데 일시금으로 수령하는 것보다 연금으로 수령하면 과세에서 유리하도록 과세체계를 개편하였다.

셋째, 안정적인 노후생활자금을 마련할 수 있다. 직장 이동 시 개인형 IRP로 퇴직연금을 이동하여 중도 사용보다는 노후 생활자금으로 활용될 수 있도록 제도가 마련되어 있다.

마지막으로, 퇴직연금 교육 효과로 금융이해력이 향상된다. 근로자는 매년 1회 이상 퇴직연금과 관련된 교육을 받아야 한다. 이때 퇴직연금제도 및 금융·경제·투자 방법 등에 대한 교육을 통해 금융이해력이 제고되어 적극적인 금융 생활을 영위할 수 있도록 기회를 제공해 준다.

2) 사용자(회사)의 경우

사용자의 경우에도 퇴직연금제도 도입에 대한 혜택이 있다. 첫째, 합리적 재무관리가 가능해지며 법인세 세제 혜택이 있다. 사용자는 정기적으로 퇴직연금의 부담금을 납부하므로 퇴직급여 관련 비용 부담을 평준화할 수 있으며, 퇴직연금 관련 비용에 대한 예측을 통해 재무관리를 합리적으로 수행할 수 있다. 더불어, 다수의 근로자가 일시에 퇴직하는 경우 사외에 이미 적립된 재원을 활용하므로 퇴직금 조달의 어려움에서 벗어날 수 있게 된다. 법인세면에서는 DC형제도의 경우 퇴직연금 부담금에 대하여 전액을, DB제도형의 경우 퇴직연금을 통해 사외에 적립한 적립금에 대해 100% 손금 인정을 받을 수 있다.

둘째, 새로운 경제 출연에 적합한 인사관리에 적합하다. 다양한 고용 형태가 발생하고, 숙련되고 전문화된 인력을 확보하여 해당 사업장의 근무 매력도를 높이기 위한 방향에서 퇴직연금제도는 기존 퇴직금 제도에 비해 훨씬 유연하게 대응할 수 있다. 기존 퇴직금제도는 최종 3개월간 평균임금을 기준으로 했지만 퇴직연금제도는 연봉제, 성과주의 임금제도, 임금피크제 등 유연한 인사관리 제도를 운영하는 데 적합하다. 셋째, 퇴직금 미지급으로 인한 기업의 법률적 위험이 감소된다. 퇴직급여를 외부 퇴직연금사업자에게 적립시켜 둠으로써 퇴직연금 체불에 따른 민·형사책임 등 법적 위험을 해소할 수 있어 건전한 기업활동에 도움이 된다.

3. 퇴직연금제도 이해관계자

퇴직연금제도는 퇴직연금 자산의 실질 주인인 근로자와 부담금을 납입하는 사용자(기업), 적립된 자산을 운용하고 관리하는 퇴직연금사업자(연금 사업자로 등록한 금융회사로 은행, 증권사, 보험사 및 근로복지공단)가

주축이 되며 금융상품 제공자(자산운용사, 보험회사, 증권사 및 저축은행 등)가 있다.

그림 4-3 **퇴직연금제도의 이해관계자**

근로자는 가장 중요한 이해관계자 중의 당사자이다. 근로자는 자신의 퇴직급여의 상황에 대해 잘 알아둬야 한다. 본인이 가입한 퇴직연금제도가 어떤 것인지? 수급권이 확보되도록 외부 적립이 잘 되고 있는지, 어떤 점이 유리한지 불리한지, 금융회사가 제공하는 서비스가 무엇인지 등에 대해 관심을 가져야 한다. 특히 DC형제도 및 IRP제도 가입자는 본인 책임에 운용을 하여야 한다. 투자 및 은퇴설계 등에 대해서도 지속적인 관심과 학습을 병행해야 한다.

회사(사용자)는 퇴직급여를 부담하는 주체이다. 제도 시행으로 퇴직금 부분의 사외적립은 법인세 혜택을 받는다. 더불어 금융회사로부터 각종 금융컨설팅을 받을 수 있고 퇴직연금제도를 활용해 우수 인력 유치, 근로자와의 관계도 개선할 수 있다.

퇴직연금사업자인 금융회사는 퇴직연금제도가 실질적으로 구현되도록 회사와 근로자에게 서비스 및 정보를 제공하고 교육을 실시하고 있다.

정부는 퇴직연금제도가 원활하게 운영되고 발전되도록 정책을 입안하고 지원한다. 정부의 역할은 크게 퇴직연금제도를 관장하고 있는 고용노동부가 근로자퇴직급여보장법을 통해 규제를 제공하고, 제도 운영에서 발생하는 구체적인 감독업무는 금융감독기구가 수행하는 이원적 구조로 되어 있다. 고용노동부의 퇴직연금 감독은 퇴직연금에 가입하는 사용자에 대해 규약의 법적 정합성과 타당성을 심사하는 데에서 비롯된다. 고용노동부는 회사(사용자)에 대해 퇴직연금 실시에 대한 보고 징구, 시정 명령, 제도 운영정지 명령 등을 할 수 있으며, 법령에 의해 감독 권한 일부를 금융위원회에 위탁해 퇴직연금사업자에 대한 감독 업무를 수행 하고 있다. 금융위원회는 퇴직연금 사업자의 업무에 대한 감독 및 시정 명령 등의 조치를 할 수 있으며 제재 권한의 일부를 금융감독원장에 위탁해 금융감독원이 퇴직연금사업자에 대한 감독업무를 수행한다. 이에 근거해 금융감독원은 퇴직연금사업자의 등록에서부터 적립금 운용 및 자산관리, 책무에 이르기까지 포괄적이고 구체적인 업무를 감독한다.

4. 퇴직연금제도의 체계

퇴직연금의 운용체계는 기업과 근로자의 협의에 의한 퇴직연금제도의 설정이 한 부분이다. 이때 근로자 대표 등의 동의를 얻어 고용노동부에 규약을 신고함으로써 퇴직연금제도 설정이 이뤄진다. 다음 단계로 회사는 퇴직연금 사업자와 퇴직연금 운용관리, 자산관리 업무를 수행하기 위한 위탁계약을 체결하는 것이다. 퇴직연금사업자는 재무건전성, 인적·물적 요건 등을 갖추어 고용노동부 장관에 등록한 금융회사로 주로 은행, 금융투자(증권회사), 보험회사 및 근로복지공단이 퇴직연금사업자로 등록되어 있다. 마지막 단계는 근로자의 이직 및 퇴직 시 퇴직연금 탈퇴 및 급여 지급이 한 부분으로 구성된다.

💲 그림 4-4 **퇴직연금의 운용체계**

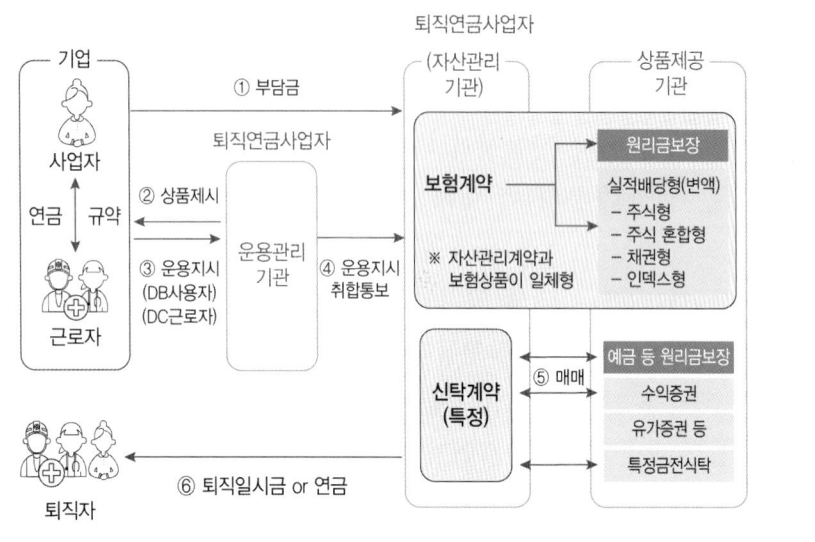

자료: 고용노동부.

1) 운용관리기관

퇴직연금사업자의 역할은 크게 운용관리기관과 자산관리기관으로 구분한다. 운용관리기관은 퇴직연금제도의 도입 및 운영·관리 등에 관련되는 제도설계업무, 상품제시업무, 기록관리업무, 연금계리업무(DB형), 투자교육 업무 등을 수행한다.

2) 자산관리기관

국내에서의 자산관리기관의 업무는 운용관리업무를 수행하는 퇴직연금사업자가 전달하는 적립금 운용지시의 이행, 급여 지급, 기타 자산관리업무의 적절한 수행을 위하여 대통령령으로 정하는 업무 등의 역할을 수행한다. 이는, 실제 적립금의 보관과 단순한 입출금을 다루는 기관으로서, 자산운용을 수행하는 것이 아닌 자산 보관을 수행한다. 또한, 근퇴법에는 자산관리기관을 보험계약과 신탁계약 2가지 방법으로 한정시키고 있다. 이는, 근로자 수급권 보호를 위하여 적립금이 사용자로부터 분리되어 근로자 수급권을 확보할 수 있도록 「보험업법상 특별계정에 의한 보험계약」과 「자본시장과 금융투자업에 관한 법률에 따른 특정금전신탁계약」으로만 한정시킨 것이다.

3) 퇴직연금사업자 선정

퇴직연금사업자 선정 형태는 운용관리사업자 및 자산관리사업자를 동일 퇴직연금사업자로 선정하는 번들(bundle)형과 운용관리사업자와 자산관리사업자를 각각 별도로 선정하는 언번들(unbundle)형으로 나눌 수 있다, 번들형과 언번들형은 다시 단일형과 복수형으로 세분화 할 수 있다. 번들형은 한 퇴직연금사업자가 운용관리서비스 및 자산관리서비스를 동시에 제공하기 때문에 업무 처리가 신속히 이루어지며 기업의 제도관리 또한 쉽다. 또한 번들형은 운용관리사업자와 자산관리사업자가 달라 발생할 수 있는 사업자간 마찰이 발행하지 않아 원활한 업무 흐름을 유지할 수 있다.

언번들형은 운용관리사업자 및 자산관리사업자를 각각 선정하기 때문에 제공받는 각 서비스의 전문성이 높다는 장점이 있다. 하지만 사업자 간 정보의 비대칭 및 커뮤니케이션 문제 등이 발생할 가능성이 높다.

퇴직연금사업자 선정 형태는 기업의 규모나 특성, 금융권역에 대한 선호 등에 따라 다르게 나타나나 퇴직연금제도 시행 초기에는 기업들이 서로 상이한 운용관리사업자와 자산관리사업자를 총괄하고 조정할 수 있는 자원이나 역량이 충분하지 않기 때문에 복수 번들형이 일반적이었다.

그러나 현실적으로 국내 퇴직연금 시장에서는 운용관리기관과 자산관리기관이 동일기관인 번들(bundle)형 계약이 주류를 이루고 있다. −이론적으로는 사업장 측면에서 운용관리기관 1개사−자산관리기관 1개사−상품제공기관(라인업) 다수로 구성하는 것이 이상적인 퇴직연금제도

운용 구조이나, 현실적으로는 운용관리기관·자산관리기관 번들형인 상
태에서 퇴직연금사업자를 확대하고 있는 상황이다.

📊 표 4-2　**번들형과 언번들형의 비교**

구분	번들형	언번들형
기업의 제도관리의 편의성	높음	낮음
운용관리사업자 및 자산관리 사업자 간 업무 흐름	원활	사업자간 마찰 발생 가능성 높음
부가 서비스의 제공	용이	다소 어려움
수수료 부담	단일 퇴직연금사업자의 수수료 체계에 의존	수수료가 낮은 운용관리사업자 및 자산관리사업자를 각각 선정 가능

4) 수급권의 보호

퇴직연금제도의 급여를 받을 권리를 수급권이라고 한다. 「근퇴법」제
7조(수급권의 보호)에서 퇴직연금제도의 급여를 받을 권리는 양도 또는
압류하거나 담보로 제공할 수 없도록 법률에 규정되어 있으므로, 법률에
따라 양도 금지된 퇴직연금 급여 채권은 피압류 적격이 없어 압류명령은
무효이며, 전액 압류가 금지된다. 대상이 되는 퇴직연금제도 유형은 확
정급여형(DB형제도)제도, 확정기여형(DC형제도)제도, 10인 미만 사업의 특
례제도 및 중소기업퇴직연금기금 제도에 의해 근로자가 연금 또는 일시
금을 받을 권리에 대하여 압류가 금지된다. 퇴직연금제도 미적립 부담금
도 퇴직연금제도 가입기간에 발생한 급여로서 퇴직연금제도의 급여를
받을 권리에 해당하므로 전액 압류 금지 대상이다. 개인형 IRP제도의 계
정으로 이전된 퇴직급여 및 운용수익도 전액 압류가 금지되어 퇴직급여
의 수급권을 보장하고 있다.

5) 가입자 교육

「근퇴법」에서는 사용자(회사) 및 퇴직연금사업자에게 가입자들을 대

상으로 하는 교육을 실시하도록 규정하고 있다. 확정급여형 및 확정기여형 제도를 설정한 사용자는 매년 1회 이상 가입자에게 해당 사업의 퇴직연금제도 운영 상황 등에 관한 교육을 실시해야 한다. 사용자는 퇴직연금사업자 또는 전문기관에 교육의 실시를 위탁할 수 있으나, 가입자 교육을 실시했는지와 요건을 갖춘 전문기관이 실시한 교육인지에 대한 입증 책임은 사용자에게 있으므로 사용자는 퇴직연금사업자의 가입자 교육 실시 여부와 퇴직연금교육 전문기관의 요건 충족 여부를 확인하여야 한다.

한편, 퇴직연금사업자는 개인형 IRP 가입자 및 10명 미만 특례제도 가입자에 대해 퇴직연금사업자가 매년 1회 이상 가입자에게 퇴직연금제도 관련 교육을 실시해야 한다. 근로복지공단은 중소기업퇴직연금기금제도 가입자에 대하여 매년 1회 이상 제도 관련 교육을 실시해야 한다.

02 2층 연금: 퇴직연금제도의 유형

우리나라의 퇴직연금 제도는 자산운용의 책임을 누가 가지냐에 따라 크게 확정급여형(defined benefit, DB형제도, 회사책임형), 확정기여형(defined contribution, DC형제도, 근로자책임형)으로 나눌 수 있다. 이외에 2012년 7월 개정 시행된 근퇴법에 따라 혼합형제도(hybrid. DB형제도＋DC형제도)와 '표준형 DC형제도'가 추가되었다. 종전의 개인퇴직계좌(individual retirement account, IRA)는 '개인형퇴직연금제도(individual retirement pension: IRP)로 바뀌었다. 사용자와 근로자는 합의에 의하여 위의 제도 유형을 자유롭게 설정할 수 있다.

1. 확정급여형(defined benefit: DB형제도, 회사책임 운용형)

1) 개 요

확정급여형 퇴직연금제도란 사용자(회사)가 근로자에게 최종적으로 지급할 퇴직급여(benefit)의 수준이 사전에 확정되어 있는 제도이다. 근로자 입장에서는 지급 받을 퇴직급여의 수준이 사전에 결정되어 있는 제도다. 사용자는 정해진 퇴직급여 지급을 보장해야 한다. 사용자가 적립할 금액은 적립금 운용 결과에 따라 변동될 수 있으며, 연금자산의 총 수익률이 예상 수익률을 초과하면 적립금 부담이 줄지만, 연금자산의 투자실적이 좋지 않으면 기존 예상치보다 더 많은 적립금 부담이 발생할 수 있다.

그림 4-5 **DB형제도 개요**

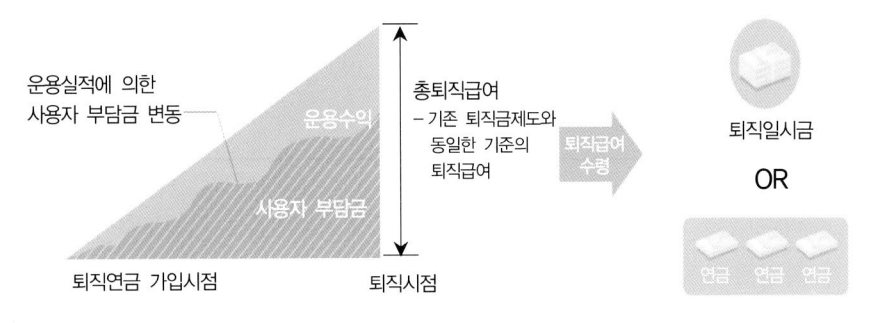

자료: 근로복지공단.

DB형제도의 퇴직연금은 근로자가 퇴직 시 받을 급여가 기존의 퇴직금 제도하의 퇴직금 산정방식과 같다. 법에서 정해진 바에 따라 퇴직급여는 확정급여 산출 공식 (퇴직 직전 3개월간 평균 임금×근속연수)에 의해 사전에 결정된다.

 **참고**

DB형 퇴직급여 적립금 예시

- 3년간 근속한 근로자 A씨의 퇴직전 3개월 평균임이 363만원일 경우 퇴직급여는?

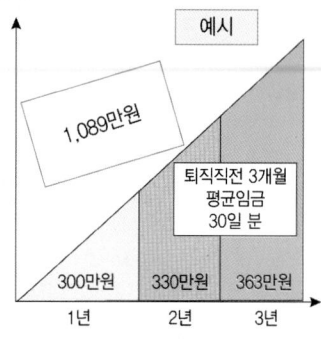

예시

1,089만원

퇴직직전 3개월 평균임금 30일 분

300만원 330만원 363만원
1년   2년   3년

- 퇴직 전 3개월 평균임금: 363만원
- 근속년수: 3년
- 퇴직금: 363만원X3년=1,089만원

　　DB형제도의 가장 큰 특징은 퇴직급여를 결정하는 방식이 사전에 정해져 있다는 점에서 기존의 퇴직금 제도와 동일하다. 하지만 퇴직연금 제도하에서는 기존 퇴직금 제도와 달리 사용자는 퇴직급여의 안정적인 지급을 위해 법에서 정한 수준 이상의 금액을 사외의 퇴직연금 사업자에 예치하여 운용하여야 한다는 점이다. 근퇴법 및 동법 시행령에 따라 근로자의 퇴직급여 수급권 보장을 위하여 최소적립비율을 '12년 60%부터 단계적으로 상향하되 '22년부터는 100% 적립하도록 하고 있다.

　　DB형제도의 적립금 운용 권한과 책임은 사용자에게 있다. 사용자의 부담은 적립금 운용결과에 따라 달라지므로 운용수익률 관리가 중요하

📊 표 4-3　**연도별 최소적립비율**

연도	'12~'13	'14~'15	'16~'18	'19~'21	'22~
최소적립비율	60%	70%	80%	90%	100%

다. 따라서, 사용자는 적립금의 운용을 위한 운용방법 및 금융상품에 관한 정보를 퇴직연금사업자(운용관리기관)으로부터 도움을 받아야 한다.

　DB형제도하에서 근로자의 퇴직급여는 근로자 본인의 임금수준, 근속기간 등에 따라 달라진다. 퇴직 시점의 퇴직급여를 예상하고자 할 경우 퇴직 시점의 임금수준을 예상해야 하는 어려움이 존재한다. 보통은 사용자 내에서 선정된 표준근로자의 표준급여액을 통해서 근로자가 퇴직을 하게 될 경우 어느 정도의 퇴직급여를 받을 수 있는지를 예상할 수 있다.

　DB형제도는 경영이 안정되어 기업수명이 긴 기업, 자체 퇴직연금제도를 설계하기 쉬운 대기업, 평균 근속년수가 긴 기업들에 적합하다.

　근로자는 사용자가 퇴직연금 부담금을 정상적으로 납부 하는지 즉, 정해진 기간 내에 필요 수준 이상의 금액을 납부하고 있는지 확인할 필요가 있다. 또한 퇴직자들에 대한 퇴직급여도 정상적으로 지급되고 있는지 확인해야 한다.

2) DB형제도의 장단점

(1) 장 점

　DB형제도의 장점은 근로자 입장에서는 퇴직자산인 적립금을 직접 운용하지 않아도 된다. 종전 퇴직금제도와 마찬가지로 퇴직 시의 최종 퇴직연금의 급여 수준이 미리 제도에 의해 일정하게 정해져 있어서 기금의 운용수익률과 상관없이 근로자의 연금 급여 보장을 받게 된다. 사용자 입장에서는 운용수익률이 임금상승률보다 높을 경우 부담해야 하는 적립금 금액을 줄일 수 있는 기회가 있을 수 있다.

(2) 단 점

　DB형제도의 단점으로는 첫째, 근로자 입장에서 기업 도산 시 사외 적립비율이 낮은 경우에는 퇴직급여의 일부만 보장 받을 수밖에 없을 가능성이 높다. 따라서 DB형제도 가입 근로자는 회사의 DB 적립금이 제대로 쌓이고 있는지를 체크해야 한다. DB 적립금 수준이 100% 미만인 경우 자칫하면 근로자의 수급권이 불안정해질 우려가 있기 때문이다. 한편 회사는 연금계리를 기반으로 하는 부담금 산출과 재정검증을 정기적으로 체크해야 한다. 둘째, DB형 제도는 물가상승률에 대한 보장 장치가 없어 실질 가치 보전의 어려움과 운영 리스크가 존재한다. 셋째, 이동성 및 통산성이 부족하여 제도간의 이동성이 떨어진다. 근로자가 동일한 사업장에서 정년까지 고용되어 있을 경우에는 DB형제도의 장점이 크나, 중간에 퇴직하거나 사업장 이동이 잦을 경우 상대적으로 불이익이 생길 수 있다. 또한 기업간에 DB형제도와 DC형제도가 혼재되어 있을 경우 서로 다른 연금 제도간에 이전 절차가 복잡해진다.

사업장(회사) 입장에서는 적립금 운용성과가 회사에 귀속되므로 적립금 운용의 리스크를 회사가 부담하게 되면, 제도적으로 확정된 연금 급여는 근로자에 대한 장기 부채에 해당하여 회사의 재무적 부담으로 작용된다.

감독 당국의 입장에서도 DB형제도는 적립금의 건전성 및 지급보장에 대한 감독 의무가 커 비용이 많이 들고 운영 리스크가 DC형제도에 비해 크다는 단점이 있다.

 참고

1. 재정검증 실시

- 재정검증이란 퇴직연금사업자는 매 사업연도 종료 후 사용자의 적립금 규모가 최소적립금 수준을 상회 하는지 여부를 확인하는 것.
- 퇴직연금사업자는 매 사업연도 종료 후 6개월 이내에 매 사업연도 말 직전 12개월간 시가평균에 따른 금액으로 적립금을 산정함
  - 사업연도 말 현재 시가와 평가금액(12개월 시가평균)이 과도하게 차이나는 것을 방지하기 위하여 평가금액이 현재 시가의 90% 이하 또는 110% 이상이 될 경우 각각 90%, 110%로 산정
  - 단, 손실이 확정되었거나 자산가치가 일정하게 상승하는 운용방법의 경우에는 사업연도 말 시가를 적용하여 산정함

2. 재정검증 통보

■ 퇴직연금사업자는 매 사업연도 종료 후 6개월 이내에 재정검증을 실시하고
그 결과를 사용자에게 서면으로 통지하여야 함
- 재정검증 결과 통보서는 적립금 부족 여부, 적립금 및 부담금 납입 현황,
재정안정화계획서 작성 여부 등을 내용으로 구성
■ 재정검증 결과 사용자의 적립금 규모가 최소적립금보다 적은 경우에는 그 결
과를 근로자의 과반수가 가입한 노동조합이 있는 경우에는 그 노동조합에 서
면으로 알리고, 근로자의 과반수가 가입한 노동조합이 없는 경우에는 전체
근로자에게 서면 또는 정보통신망에 의한 방법으로 알려야 함

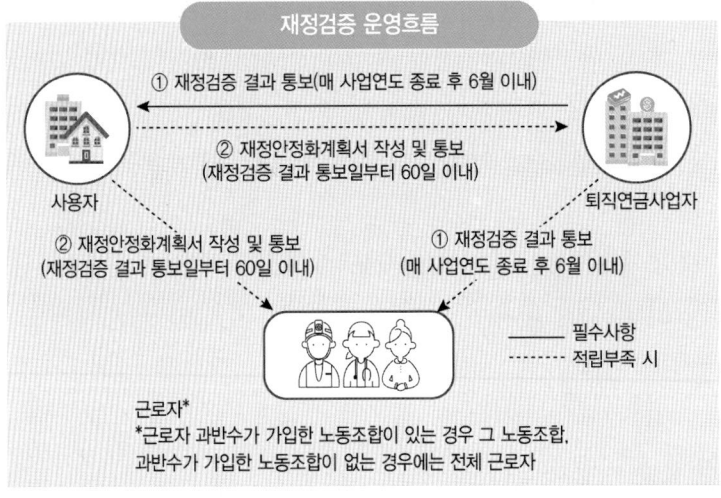

자료: 고용노동부.

 참고

1. 적립금운용위원회

■ 사용자 책임으로 운영하는 DB형 퇴직연금 적립금은 원리금보장상품 위주로
운용되거나 최소적립금에 미달하는 등 합리적으로 못하는 문제가 있어 일정
규모 이하 기업의 경우 적립금운용위원회를 두어 합리적으로 퇴직연금 기금
을 운용할 수 있도록 하고 있음.

■ 주요 내용

적립금운용위를 구성하지 않거나, 적립금운용계획서를 작성하지 않으면
500만원 이하의 과태료 부과 가능

적립금 운용위원회 구성은 위원장 1명 포함 5인 이상 7인 이하 위원으로 구성한다. 위원은 위원장(퇴직연금 업무를 담당하는 임원), 근로자 위원, 퇴직연금제도 관련 업무 부서장, 전문가위원, 적립금의 합리적운용을 위해 위원장이 필요하다고 인정하는 자.

2. 적립금운용계획서(IPS)

■ 적립금운용위원회심의에서 심의된 적립금운용 계획서를 작성해야 하며 이에 따라 적립금을 운용해야 함.
■ 적립금운용계획서에 필수 기재 사항
  - 적립금운용계획서 적용범위, 적립금 운용목적 및 방법
  - 적립금운용위원회 구성 및 운영, 적립금운용 담당자 책무
  - 목표수익률 설정, 자산배분정책 수립, 투자가능상품 등, 운용성과평가

2. 확정기여형(defined contribution: DC형제도, 근로자책임 운용형)

1) 개 요

DC형제도란 사용자가 부담할 기여금(contribution)이 사전에 확정되고 근로자가 받을 퇴직급여는 적립금 운용실적에 따라 변동될 수 있는 연금제도이다. 사용자는 근로자의 연간 임금총액의 1/12 이상의 금액을 노사

가 퇴직연금 규약에서 선정한 금융회사(들)의 근로자 개인별 계좌에 적립하면 된다. 근로자는 자기 책임하에 해당 금융회사(퇴직연금사업자)가 제시하는 운용 금융상품을 선택하여 적립금을 운용하고 금융회사는 근로자의 지시에 따라 운용하여 근로자에게 연금 또는 일시금을 지급하게 된다. DC형제도하에서는 적립금은 기업으로부터 독립되어 근로자 개인 명의로 적립된다. 그러므로 기업이 도산해도 퇴직급여에 대한 수급권이 100% 보장된다. 하지만 본인이 선정하고 투자한 금융상품의 실적에 따라 연금액이 달라진다.

그림 4-6 **DC형제도 개요**

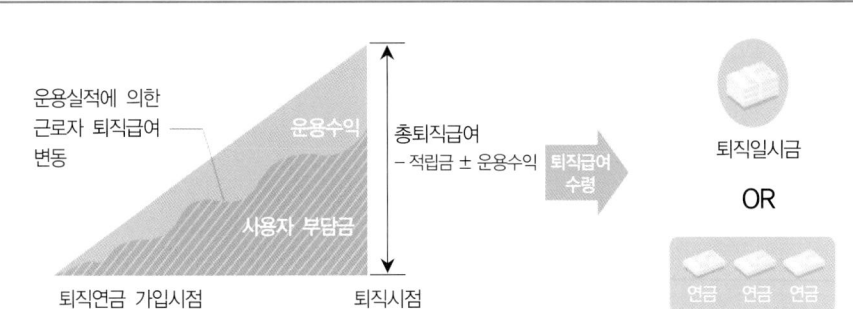

자료: 근로복지공단.

DC형제도를 설정하려는 사용자는 근로자대표의 동의를 얻거나 의견을 들어 퇴직연금규약을 작성하고 본사 소재지 관할 지방고용노동 관서에 신고하면 설정할 수 있다. 제도 운영에 소요되는 운용관리·자산관리 수수료는 사용자가 부담한다. 다만, 가입자가 스스로 부담하는 추가 부담금에 대한 수수료는 가입자가 부담한다.

부담금의 부담에 있어서 DC형제도를 설정한 기업은 최소한 근로자의 연간 임금 총액의 12분의 1에 해당하는 금액을 현금으로 부담해야 하며, 근로자는 사용자의 부담금 외에 추가로 부담금을 부담할 수도 있다. 이때 추가로 부담한 부담금에 대해 근로자는 세제 혜택을 받을 수 있다.

 참고

DC형 퇴직급여 적립금 예시

- 3년간 근속한 근로자 B씨의 매년 월급여가 1년차 300만원, 2년차 330만원, 3년차 363만원일 경우 퇴직급여는?

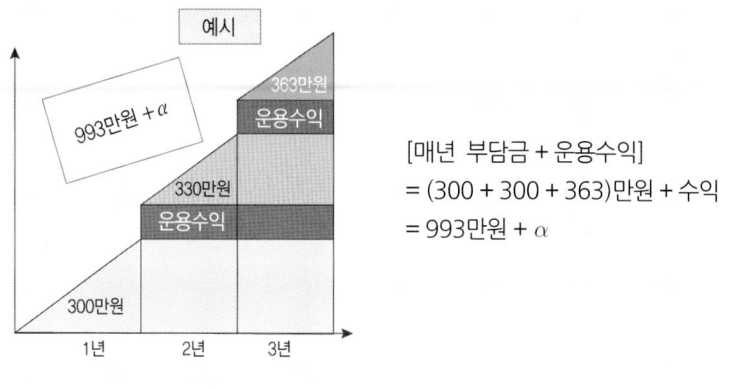

[매년 부담금 + 운용수익]
= (300 + 300 + 363)만원 + 수익
= 993만원 + α

2) DC형제도의 장단점

(1) 장 점

DC형제도의 장점을 살펴보면 첫째, 근로자 측면에서는 제도에 의한 일정률의 기여금이 자신 명의의 계좌에 정기적으로 적립되므로 수급권이 높다. 그러므로 연금 급여에 대한 보장성 및 건전성과 관련된 불확실성의 문제가 해소된다. 둘째, 연금의 이동성에 문제가 없어서 이직, 전직 등 사업장 이동이 잦은 근로자들의 경우 불이익 없이 연금 자산을 쌓아갈 수 있다. 셋째, 퇴직급여의 증대 가능성이 있다. 임금인상률보다 높은 수익률을 달성하면 DB형제도 대비 많은 퇴직급여를 받을 수 있는 기회가 존재한다.

사업장 입장에서는 일정 기간 단위(최소 1년 마다 정산 필요)로 근로자에 대한 퇴직급여부채를 정산하는 효과가 있다. 이로써, 퇴직자산 운용에 대한 부담을 덜고 최종 퇴직급여보장에 관한 의무가 없게 된다.

(2) 단 점

근로자 측면에서 적립금 운용의 리스크 부담이 근로자에게 귀속되므로 퇴직급여의 최종 수준이 금융시장의 상황 및 스스로의 투자 성과 결과에 따라 영향을 많이 받을 수 있다는 점이다. 따라서 연금자산 운용에 대한 근로자의 선택의 문제가 항시적인 과제로 남아있게 된다.

회사의 입장에서는 퇴직급여 재원을 더 이상 사내에 유보할 수 없고 반드시 근로자 계좌에 매년 부담금을 납부해야 함으로 현금흐름 유출로 인한 자금 부담이 발생할 수 있다.

DC형제도에 가입된 근로자는 투자 결과에 따라 퇴직금이 각자 다를 수 있다. 그러므로 좋은 투자 결과를 얻기 위해서는 금융 전반에 대한 이해와 투자에 대한 적극적 태도를 가져야 한다.

 참고

DC형제도 적립금 운용

- DC형제도의 적립금 운용주체는 가입자이다.
  - 사용자는 DC형제도의 계정에 부담금을 정기적으로 납입하고, 가입자는 DC형제도 계정의 적립금을 자기 책임하에 스스로 운용해야 한다.
- 가입자는 적립금의 운용방법을 스스로 선정할 수 있고, 반기마다 1회 이상 적립금의 운용방법을 변경할 수 있다.
  - 퇴직연금사업자는 반기마다 1회 이상 위험과 수익구조가 다른 3개 이상의 운용방법을 가입자에게 제시하되, 원리금보장 운용 방법을 하나 이상 포함하여야 하며, 운용방법별 이익 및 손실 가능성에 관한 정보 등 가입자가 적립금의 운용방법을 선정하는 데 필요한 정보를 제공하여야 한다.
- 위험과 수익구조가 서로 다른 적립금 운용방법 판단기준
  - 운용방법에 해당하는 금융상품의 수익 확정 여부, 수익 발생 패턴 및 변동폭, 구성하고 있는 기초자산 및 운용대상, 취급 금융기관 및 발행자 등을 종합적으로 고려하여 개별적으로 판단한다.

위험과 수익구조가 다른 운용방법

① 예·적금, 보험, 유가증권, 간접투자증권은 각각 다른 운용방법으로 봄. 다만, 운용대상(기초자산을 포함한다)이 동일한 경우에는 그러하지 아니함
② 동일한 운용방법의 경우에도 운용대상(파생상품의 경우 기초자산)이 다르다면 서로 다른 운용방법이라 할 수 있음
③ 원리금보장 운용방법과 실적배당 운용방법은 서로 다른 운용방법으로 봄
④ 종류가 다른 유가증권이라 하더라도 발행인이 동일한 경우에는 서로 다른 운용방법이라고 볼 수 없음

▪ 가입자는 분산투자 등 대통령령으로 정하는 운용방법 및 기준에 따라 적립금을 안정적으로 운용하여야 한다.

 참고

퇴직연금제도 유형별 투자대상 자산 요약

2015. 7월 퇴직연금감독규정 개정을 통해 자산운용 규제방식을 변경하였다. 기존에는 감독규정에 열거한 자산들만 투자할 수 있었던 것을(Positive 규제방식) 투자 금지대상으로 열거하지 않는 한 모든 원리금비보장 상품에 투자를 허용하는 방식으로(Negative 규제방식) 전환하였다. 또한 개별 원리금비보장 자산별 운용한도는 폐지하고 연금제도별(DB형제도, DC형제도, IRP) 총 투자한도만 규제하는 것으로 변경하였는데 현재 위험자산 총 투자한도는 70% 이내로 제한된다.

〈퇴직연금 적립금 운용 기준〉

구 분	DB형제도	DC형제도
원리금보장형 상품	100% 가능	좌동
지분증권(주식)	30% 이내 가능	금지
채무증권(채권)	총 위험 한도 70% 이내 자율 운용	좌동
펀드		
파생결합증권(ELS)		
리츠		
TDF(Target Date Fund)	금지	100% 가능(적격의 경우)

ETF(상장지수펀드)	금지	ETF 취급 금융·회사에서 가능(국내 상장 ETF, 위험자산 70% 내 편입 가능)
파생상품	헤지 목적만 이용	좌 동
투자 금지	비상장주식, 파생형 펀드, 투기등급채권, 최대손실율 40% 이상 ELS, DLS 등	지분증권(주식 등), 증권예탁증권, 신주인수권부 사채, 전환사채, 후순위채권, 사모펀드 등

3. 개인형 퇴직연금(individual retirement pension: IRP제도)

1) 개인형 IRP 퇴직연금제도

개인형퇴직연금제도(IRP제도)란 가입자의 선택에 따라 가입자가 납입한 일시금이나 사용자 또는 가입자가 납입한 부담금을 적립·운용하기 위하여 설정한 퇴직연금제도로서 급여 또는 부담금의 수준이 확정되지 아니한 퇴직연금제도를 의미한다. IRP제도는 근로자 개인이 가입한다는 점 외에 적립금 운용 및 급여 등은 DC형제도와 유사하다.

그림 4-7 IRP 퇴직연금 개요

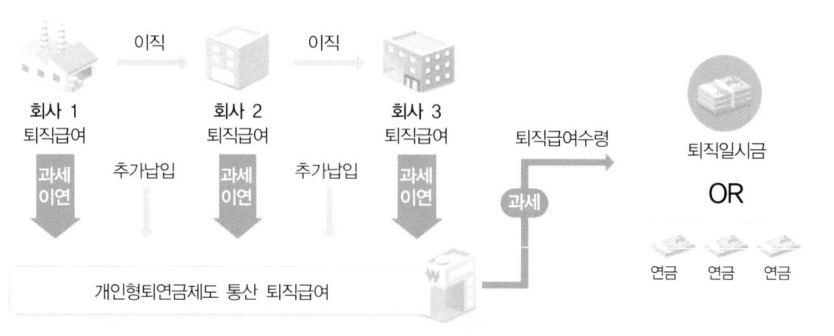

📊 표 4-4   IRP 가입대상 요약

가입대상	비 고
- 퇴직급여제도의 일시금을 수령한 사람 - DB·DC제도, 중소기업퇴직연금기금제도의 가입자	
- 자영업자 - 퇴직급여제도 미설정 근로자 - 계속근로기간이 1년 미만인 근로자 - 1주 소정근로시간이 15시간 미만인 근로자 - 퇴직금제도 적용 근로자 - 직역연금 가입자 - 「공무원연금법」적용받는 공무원 - 「군인연금법」적용받는 군인 - 「사립학교교직원 연금법」적용받는 교직원 - 「별정우체국법」적용받는 별정우체국 직원	시행령 개정으로 '17.7.26.부터 가입대상자로 규정(추가)

　　IRP 제도는 이직 시 수령한 퇴직급여를 적립, 축적하여 노후소득 재원으로 활용할 수 있도록 한 통산장치이다.

　　개인형 IRP는 2017년 7월 26일부터 가입자 대상이 확대되었다. 자영업자와 퇴직연금 미가입자 등 사실상 모든 취업자가 IRP에 가입할 수 있게 되었다. 특히, 공무원연금, 사학연금, 군인연금 등 특수직역연금 가입자도 IRP에 가입할 수 있게 되었다.

2) 부담금의 납입 및 적립금 운용

　　IRP는 개인이 자유롭게 가입할 수 있는 개인연금과 유사하며, 세법상 세제혜택이 주어진다. IRP는 2012년 7월 26일 이후 자기부담금 입금이 가능해졌으며, 연간 1,800만원 한도에서 자기부담금으로 납입이 가능하며 연간 900만원까지 세액공제[2]를 받을 수 있다.

　　IRP 제도 적립금은 자기부담금과 퇴직급여로 구성된다. 퇴직연금제도 가입 근로자는 퇴직 시 퇴직급여를 IRP 제도의 계정으로 이전받고, 퇴직

---

2) 2023년 말 현재 IRP의 납입한도는 연금저축과 합하여 1,800만원까지 이며, 900만원까지 세액공제 혜택을 받을 수 있다. 이러한 세액공제 혜택은 관련 세법 개정에 따라 변경된다.

금제도 적용 근로자는 퇴직금을 지급받은 날부터 60일 이내에 퇴직금의 전부를 IRP 제도의 계정으로 이전[3]해야 한다.

IRP 적립금의 운용 주체는 가입자 본인이며, 가입자는 스스로 운용방법을 선정하고, 반기마다 1회 이상 적립금 운용방법을 변경할 수 있다. 퇴직연금사업자는 반기마다 1회 이상 위험과 수익구조가 다른 세 가지 이상의 적립금 운용방법을 제시하되, 원리금보장 운용방법을 하나 이상 포함하여야 한다. IRP 적립금의 운용대상은 DC 제도와 동일하다.

3) 기업형 IRP 퇴직연금제도

10인 미만 영세사업장은 인사 및 노무관리 등이 취약하므로, 10인 미만의 사업장의 경우 노사가 원할 경우에 보다 간편한 방법으로 퇴직연금과 유사한 형태의 퇴직급여 제도를 운영하는 특례제도를 두고 있다. 근퇴법 제25조에 의해 상시 10명 미만의 근로자를 사용하는 사업자의 경우 사용자가 개별 근로자의 동의를 받거나 근로자의 요구에 따라 개인형 IRP 제도를 설정하는 경우에는 해당 근로자에 대하여 퇴직급여제도를 설정한 것으로 본다. 이를 기업형 IRP 제도라고한다.

기업형 IRP 제도는 DC 제도를 도입한 것과 거의 같은 효과를 내면서도 퇴직연금 규약을 작성·신고할 의무가 없기에 간편하게 퇴직연금제도를 도입할 수 있게 만든 제도이다.

4) 수급 요건

IRP 제도의 적립금은 55세 이후에 연금 또는 일시금으로 지급받을 수 있도록 하여 근로자의 노후소득으로 활용되도록 하고 있다.

- 연금: 55세 이상인 가입자에게 지급하되 연금 지급기간은 5년 이상이어야 함
- 일시금: 55세 이상으로서 일시금 수급을 원하는 가입자에게 지급

---

3) 퇴직금을 지급받은 근로자가 수령일부터 60일 이내에 IRP제도의 계정 등 연금계좌로 퇴직금을 이전하는 경우 퇴직소득세가 이연된다(「소득세법」 제146조).

 **참고**

사전지정운용제도(디폴트옵션 제도)

사전지정운용제도는 흔히 디폴트옵션이라고 불리는 제도로서, 근로자가 본인의 퇴직연금 적립금을 운용할 금융상품을 결정하지 않을 경우 사전에 정해둔 운용방법으로 적립금이 자동 운용되도록 하는 제도이다. 2022년 4월 근퇴법 개정으로 시행되었다.

퇴직연금의 저조한 수익률을 높이기 위해서이다. 퇴직연금 운영 경험이 풍부한 미국, 영국, 호주 등 주요 선진국에서는 가입자의 적절한 선택을 유도하여 노후소득보장을 강화하는 것이 정부의 사회적 책무라는 인식하에, 이미 오래전부터 퇴직연금제도에 디폴트옵션을 도입하여 운영해 왔다.

사용자는 제시받은 사전지정운용방법 중 사업장에 설정할 사전지정운용방법을 선택하여 제도에 관한 사항과 함께 퇴직연금규약에 반영해야 한다. 이때, 근로자대표 동의 절차를 반드시 거쳐야 한다.

구 분	주요내용
적용대상	DC형제도 설정 법인 및 가입자 개인형 IRP
주요내용	DC형제도 및 IRP 가입자가 상품운용지시가 없을 경우 가입자가 사전에 미리 정한 방법으로 퇴직연금을 자동으로 운용함.
사용자의 의무	퇴직연금 사업자가 제시한 디폴트옵션 제도를 사업 또는 사업장 단위로 노사합의(DC 규약변경) 통해 도입

근로자는 규약에 반영된 상품에 대한 주요 정보를 사업자로부터 제공받아 그 중 본인의 사전지정운용방법을 선정하게 된다.

사전지정운용방법은 근로자가 신규로 가입했거나 기존 상품의 만기가 도래했음에도 운용지시를 하지 않거나, 사전지정운용방법으로 본인의 적립금을 바로 운용(opt-in)하기를 원할 경우 적용된다. 근로자가 기존 상품의 만기가 도래했음에도 4주간 운용지시가 없는 경우 퇴직연금사업자로부터 "2주 이내 운용지시를 하지 않으면, 해당 적립금이 사전지정운용방법으로 운용됨"을 통지받게 되며, 통지 후 2주 이내에도 운용지시가 없을 경우 적립금이 사전지정운용방법으로 운용된다(2023년 8월 현재 기준으로 수시 변경할 수 있음).

사전지정운용방법으로 적립금을 운용하고 있지 않은 근로자는 언제든지 사전지정운용방법으로 본인의 적립금을 운용하는 것을 선택(opt-in)할 수 있다. 또한, 사전지정운용방법으로 운용 중에도 근로자의 의사에 따라 언제든지 원하는 다른 방법으로 운용지시가 가능(opt-out)하다.

4. 중소기업퇴직연금기금제도

상시 30명 이하의 근로자를 사용하는 중소기업 근로자의 안정적인 노후생활보장을 지원하기 위하여 사용자와 근로자가 납부한 부담금 등으로 공동의 기금을 조성·운영하여 근로자에게 급여를 지급하는 제도로 2022년 4월 근퇴법 시행으로 도입되었다. 근로복지공단, 노·사·정·전문가로 이루어진 중소기업퇴직연금기금제도 운영위원회의 합리적 의사결정을 통해 근로복지공단이 직접 기금을 운용하는 공적 퇴직급여 제도이다. 실제 운영에 있어서 기금운용은 외부 전문기관에 위탁한다.

그림 4-8 **중소기업퇴직연금기금제도 운영체계**

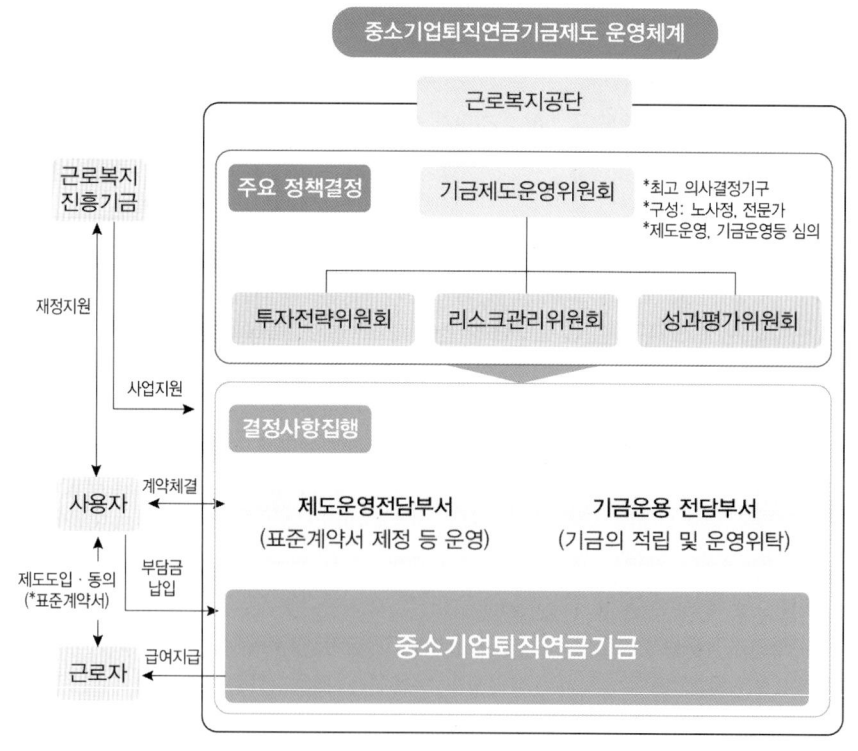

자료: 근로복지공단.

사용자는 DC형제도와 같이 가입자의 연간 임금총액의 1/12 이상의 부담금을 현금으로 매년 1회 이상 정기적으로 사용자 부담금 계정에 납입해야 한다. 한편, 가입자는 사용자가 부담하는 부담금 외에 스스로 부담하는 추가 부담금을 본인의 가입자 부담금 계정에 납입할 수 있다. 적립금은 55세 이후에 연금 또는 일시금으로 지급받을 수 있다. 적립금 운용 및 리스크 관리 평가 등은 전문가에 의해 관리된다.

중소기업퇴직연금기금은 중소사업장의 퇴직연금가입을 유도하기 위해 재정지원책을 마련하고 있다.

03 3층 연금: 개인연금

다층연금 체계에서 3층을 담당하는 개인연금은 은퇴 후 여유로운 생활을 위해 개인이 직접 금융회사에 가입하는 연금제도이다. 국민연금 등의 공적연금과 퇴직연금으로 부족할 수 있는 노후 생활비를 준비하는 데 도움이 된다.

1. 개 요

우리나라의 연금저축 제도는 1994년 6월에 도입된 (구)개인연금부터 2001년 도입되어 2012년 12월 신규 가입이 종료된 연금저축 및 2013년 1월부터 현재에 이르는 연금저축계좌로 발전되었다. 연금제도가 변경되는 과정에서 가입자격, 납입한도 및 세제혜택 등이 달라졌다. 개인연금제도는 최소한 5년 이상 유지하고 만 55세 이후 연금으로 수령하는 장기저축상품을 기반으로 운영된다. 퇴직 후 국민연금 수령할 때까지 소득공백을 메워주는 가교 연금의 역할을 하며 풍요로운 노후를 위해 개인이

📊 표 4-5　　연금저축계좌의 변경 과정

구 분	(구)개인연금	연금저축	연금저축계좌
도입 시기	1994년 6월~2000년 12월(신규 가입 종료)	2001년 1월~2012년 12월(신규 가입 종료)	2013년 1월~현재
가입 자격	만 20세 이상 거주자	만 18세 이상 거주자	제한 없음
가입 시 세제혜택	연간 납입액의 40% 소득공제(72만원 한도)	연간 납입한도 1,200만원(분기한도 300만원) 소득공제 400만원 한도 → 세액공제 400만원 한도	연간 납입한도 1,800만원(IRP 포함) 세액공제 600만원 한도 (IRP 포함시 900만원까지)
인출 시 세제혜택	이자소득세 비과세 연금수령시: 비과세 중도해지: 이자소득세	연금수령시: 연금소득세 중도해지시: 기타소득세	연금수령시: 연금소득세 중도해지시: 기타소득세

준비하는 제도이다.

2. 연금저축 종류

　연금저축(세제적격연금)의 종류는 취급하는 금융회사별로 연금저축펀드(증권회사), 연금저축보험(보험회사), 연금저축신탁(은행, 2018년 이후 신규 판매중지)으로 구분된다. 은행이나 증권회사, 보험회사 등 여러 금융회사에서 가입할 수 있다.

　먼저 연금저축보험은 보험업법에 따라 허가받은 보험회사와 체결하는 보험계약이다.

　연금저축펀드/계좌는 자본시장법에 따라 인가받은 투자중개업자(증권)와 체결하는 집합투자증권 중개계약이다. 연금저축신탁은 자본시장법에 따라 인가받은 신탁업자와 체결하는 신탁계약이다. 연금저축은 1년 동안 납입할 수 있는 금액의 한도가 정해져 있고(2023년 기준 연간 1,800만원), 연말정산 시 저축한 금액의 일부에 대해 세액공제 혜택을 부여한

그림 4-9 **금융권별 연금저축 상품 특성**

자료: 금융감독원, 연금저축 길라잡이.

주1) 자유납입이란 납입하는 금액 및 시기를 자유롭게 결정할 수 있는 납입방식이고, 정기납이란 일정기간 동안 정해진 금액을 주기적으로 납입하는 방식

주2) 연금저축보험은 매월 납입하는 보험료에서 사업비를 차감한 금액이 매월 적립되는데, 이 적립금에 적용하는 이율을 공시이율이라고 한다. 공시이율은 시장금리와 보험회사의 자산운용 수익률 등을 반영하여 매월 변동하며, 공시율이 아무리 하락하더라도 최저보증이율까지는 보장된다.

주3) 은행의 연금저축신탁은 2018년부터 신규 가입 중단. 이외에 세제비적격 연금으로 연금보험이 있다. 연금보험은 생명보험회사에서만 가입 가능하다. 연금을 받는 방식을 종신형(사망할 때까지 수령), 확정형(기간을 정해서 수령), 상속형(이자만 연금으로 받고 원금은 상속) 등 다양하게 선택할 수 있다. 세제비적격 연금은 보험료를 납입하는 단계에서는 세제혜택이 없다. 그러나 법상 요건을 충족하면(10년 이상 유지, 만 55세 이후 종신형 연금으로 수령) 하면 연금보험으로부터 얻는 이자에 대해 이자소득세를 내지 않는다.

다. 납입 기간 동안 세제혜택을 받은 만큼 연금으로 받을 때는 연금수령자의 연령별로 차등화된 연금소득세(3.3~5.5% 수준)를 내야 한다. 연금으로 수령하기 위한 조건은 2013년 2월 이전 계약은 55세 이상, 가입 기간 10년 이상 그리고 5년 이상 연금으로 수령하여야 하며. 2013년 3월 이후 계약은 55세 이상, 가입 기간 5년 이상 그리고 10년 이상 연금으로 수령하여야 한다.

3. 연금의 과세체계

연금에 대한 과세체계는 돈을 불입하는 단계(납입단계), 모인 자산을 투자 및 운용하는 단계(적립단계), 연금자산을 인출하는 단계(수급단계)에서 발생한 현금흐름에 대여 과세(tax), 비과세(exempt) 여부에 따라 분류할 수 있다. 이에 따라 다양한 연금 과세 방식이 결정되는데 국가별 정책 방향에 따라 다양하게 설정할 수 있다.

우리나라의 경우 "EET"식을 채택하고 있다. 납입단계에서 보험료 납입액(contribution)에 세액공제(exempt), 운용단계에서 발생하는 이자소득, 배당소득, 자본소득에 대해서는 비과세(exempt) 하며, 수급단계에서는 축적된 연금 적립금에 대해 과세(taxed)하는 방식이다. "EET" 방식에서는 적립금을 운용해 얻은 수익에 대해 세금을 부과하지 않고 이연하다가 저율의 연금소득세(5.5%~3.3%)를 과세함으로써 적립금이 증가되는 효과가 있다.

우리나라 연금저축, DC형제도 및 IRP의 개인 부담금에 대해서는 납입 시 세액공제 혜택(2023년 현재 900만원 한도)을 총 급여 수준에 따라 주고 있다. 납입 한도는 1,800만원까지이다. 적립단계의 운용수익에 대해서는 과세하지 않는다. 다만, 연금계좌 등에서 연금으로 인출 시 연령에 따라 저율분리과세 한다. 다만, 연간 일정액 이상[4]을 초과하여 인출하면 전액 종합과세 또는 분리과세 중에 선택해야 한다.

---

4) 2023년 현재 사적연금의 연간 인출금액이 1,200만원 초과 시 전액종합과세 또는 분리과세 중에 선택할 수 있다. 2024년 이후 1,500만원으로 증대될 예정이다.

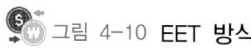 그림 4-10 **EET 방식**

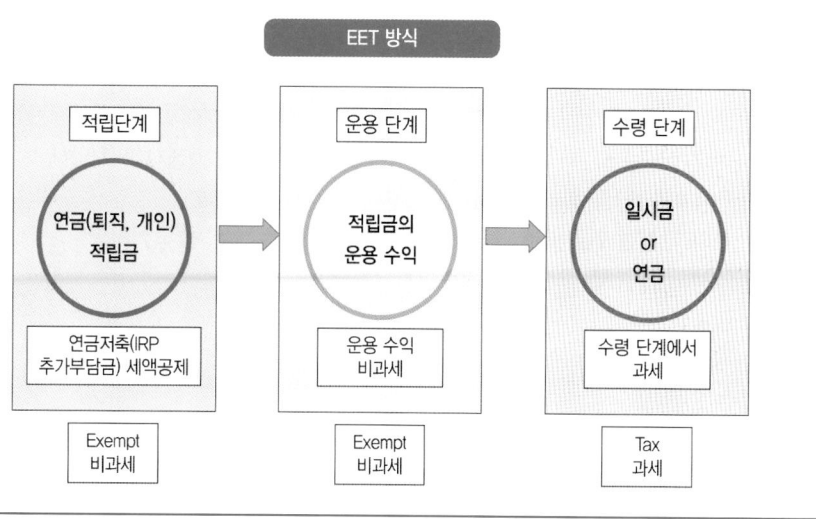

 **참고**

1. 개인형 IRP VS 연금저축

개인형 IRP와 연금저축은 제도 측면에서는 비슷한 유형이지만 제도의 실제 적용에 있어서 꼼꼼히 살펴보면 차이가 있다.

구 분	연금저축(펀드 기준)	개인형 IRP
가입대상	가입자격 제한 없음	소득이 있는 개인
세액공제 한도	연 600만원	연 900만원 (연금저축 한도 포함)
위험자산 투자한도	위험자산 투자한도에 제한이 없음 주식형 펀드·리츠[5]·ETF(국내상장, 해외상장 ETF 전부)·펀드	주식형 펀드·리츠·ETF(국내상장 ETF에만 한정) 등 위험자산에 대해 투자한도(70%) 있음. 단, 적격 TDF는 100%까지 가능
일부 인출 가능 여부	일부 인출이 자유로움 (세제상 불이익 감수)	일부 인출이 불가능(단, 법에서 정하는 요건 충족 시 가능)
계약이전	연금저축 간 이전 가능	IRP 간 이전 가능

주: 2023년 현재 기준으로 제도 변화에 따라 변경될 수 있음.

---

5) 2022. 10. 개인연금저축계좌에서 리츠 매입이 가능하게 됨.

2. 연금저축 상품 가입시 유의할 점

- 자산운용사의 연금저축펀드는 주식투자비중을 선택할 수 있으며, 주식투자비중이 높은 주식형펀드로 가입 시 기대수익률을 높일 수 있으나, 높은 변동성으로 원금손실 가능성이 있다.
- 연금저축보험은 납입한 보험료에서 사업비를 차감한 금액에 공시이율을 적용하여 적립되므로 계약 초기에는 마이너스(-) 수익률이 발생하여 계약해지 시 환급금이 납입금액보다 적을 수 있으니 유의해야 한다.
- 본인이 가입한 연금저축상품의 수익률이 낮은 경우에는, 중도해지보다는 계좌이체제도를 통해 다른 연금저축상품으로 갈아타는 것이 유리하다.
- 생명보험사의 연금저축보험은 가입자가 연금을 종신으로 수령할 수 있도록 선택할 수 있으나, 손해보험사의 연금저축보험은 최대 25년까지 연금수령이 가능하다.

04 4층 연금: 주택연금, 농지연금

안정적인 노후 소득을 확보하기 위해 3층 연금제도를 잘 활용하더라도 은퇴 시 충분하지 않을 수 있다. OECD 권고에 따르면 3층 연금제도를 통해 안정적인 노후를 위한 적정 소득대체율을 65~75%로 권고하지만 실제로는 한참 부족한 경우가 대부분이다. 따라서 대부분의 가정에서 살고 있는 주택(또는 농민의 경우 농지)을 활용해 이를 연금화하여 노후 자금에 충당하고 있다. 즉, 보유자산을 통해 개별적으로 4층 연금 시스템을 쌓는 것이다.

1. 주택연금

1) 개 요

주택연금이란 안정적인 노후 소득 확보를 위해 가입자가 소유하고 있는 주택을 담보로 사망 시까지 연금을 지급 받는 제도를 말한다.

즉, 주택은 있으나 특별한 소득원이 없는 경우, 고령자가 주택을 담보로 사망할 때까지 자택에 거주하면서 노후 생활자금을 연금(home made money) 형태로 지급받고, 사망하면 금융회사가 주택을 처분하여 그 동안의 대출금과 이자를 회수하는 방식으로 운영되는 제도이다. 부동산을 담보로 주택저당증권(MBS)을 발행하여 장기주택자금을 대출받는 제도인 모기지론과 자금 흐름이 반대이기 때문에 역모기지란 이름이 붙는다.

역모기지는 국민연금, 개인연금 등을 보완하여 좀 더 안정적인 노후 생활을 유도하기 위해 1995년부터 일부 민간 금융회사(국민은행, 흥국생명 등)들에 의해 개발·판매되기 시작하였고, 2007년 7월 12일 한국주택금융공사가 주택연금 상품을 출시하면서부터 활성화되었다.

우리나라의 주택연금은 한국주택금융공사에 주택연금을 신청하면 한국주택금융공사가 심사 후 보증서를 은행에 발급하면 은행은 신청자에게 연금(월지급금)을 지급하는 구조이다.

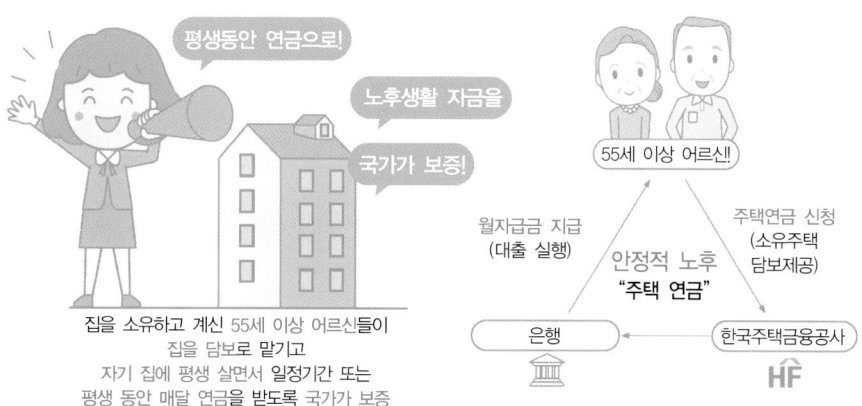

자료: 한국주택금융공사.

2) 주택연금 가입조건 및 특징

주택연금은 본인 혹은 배우자 소유의 집에 근저당권을 설정하거나 한국주택금융공사와 계약을 맺어 금융기관으로부터 매월 단위로 노후 생활자금을 받는 방법이다. 신탁계약이나 저당권설정 등을 통해 집을 담보로 하고 공동 수익자를 지정하여 연금을 받다가 사망할 경우 주택금융공사가 해당 주택을 인수하게 되는 구조이다. 주택연금은 이렇게 연금 확보와 주거 안정성을 동시에 가져갈 수 있는 장점이 있다.

표 4-6   주택연금제도 요약

구 분	요 건
가입연령	부부 중 1인이라도 만 55세 이상, 본인 또는 배우자가 대한민국 국민
주택가격	부부합산 기준 공시가격 등이 12억원 이하[6]
보유주택수	부부합산 기준 12억원 이하 1주택 소유자 다주택자 12억원 이하 2주택(주택가격 합산 12억원 초과)자는 3년 이내 비거주 1주택 처분하면 가능)
가입주택	주택법상 주택, 노인복지 주택, 주거목적 오피스텔
거주여주	실제 거주(예외적인 경우 제외)
권리침해 등	가압류, 저당권 등이 없는 주택
담보제공방식	근저당권 설정, 신탁방식

주) 주택연금 가입조건은 수시로 변경될 수 있다.

 참고

신탁방식 주택연금

　신탁방식이란 주택소유자(위탁자)가 주택연금을 지급 받기 위해 주택을 공사(수탁자)에 신탁(소유권이전) 하는 방식이다. 이 방식을 적용하면 저당권 방식과 달리 배우자가 안정적으로 주택연금을 승계할 수 있고, 주택에 대한 보증금 있는 임대차가 가능하다.

---

6) 2023.10월 1일부터 기존 9억 원에서 12억 원으로 증가 됨.

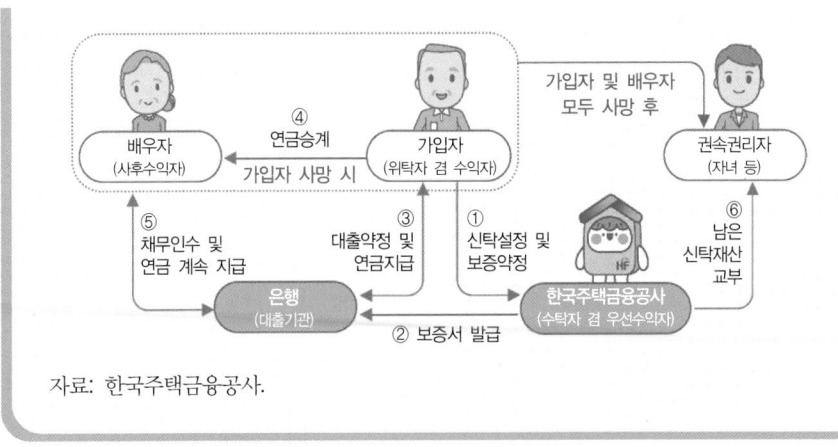

자료: 한국주택금융공사.

3) 지급방식 및 상환

매월 지급되는 주택연금 지급액은 주택연금을 신청하는 부부의 나이, 주택가격에 따라 받을 연금 금액이 달라진다. 주택금융 공사는 미래의 위험을 예측하여 연금액을 산출하는데 가입자의 생존확률 파악, 주택가격 상승률 및 이자율 변동 등 위험 요소 등을 반영한 후 적정 연금 지급액을 산출한 후 연금계약이 종료될 때까지 가입자에게 동일하게 지급한다.

따라서 가입자나 배우자 모두에게 해당 주택에 평생 거주를 보장하고, 부부 중 한 명이 사망한 경우에도 기존 연금액은 감액 없이 100% 지급된다. 만약 가입자나 그 배우자가 모두 사망한 후 주택을 처분한 결과 연금 수령액 등이 집값을 초과해도 상속인에게 그 차액을 청구하지 않으

자료: 한국주택금융공사.

며, 반대로 주택을 처분한 값이 연금 수령액보다 크면 남은 금액은 상속인에게 지급한다. 물론 주택가격의 상승 등으로 상속인이 주택을 다시 상속받고 싶은 경우에는 지급 받은 연금총액을 상환하고 주택의 상속권을 돌려받을 수도 있다.

2. 농지연금(farm land pension)

농지를 담보로 일정 기준에 해당하는 고령 농업인들이 매월 연금을 받을 수 있도록 한 제도로서, 부동산 역모기지와 비슷한 방식으로 지급되므로 농지 역모기지제도라고도 한다.

영세농민을 위한 연금제도로서 2011년 1월 1일부터 한국농어촌공사에서 시행되고 있다. 농지연금의 지원대상자는 크게 가입자의 연령, 영농 경력, 농지 상태 등을 본다. 가입 연령은 신청연도 말일 기준으로 농지 소유자 본인이 만 60세 이상이어야 가능하다. 기간형 상품의 경우 지급방식에 따라 일정 연령 이상 시 신청할 수 있다. 영농 경력 조건은 신청인의 영농 경력이 5년 이상이며, 이는 신청일 직전 계속 연속적일 필요는 없으며 전체 기간 중 합산 경력이 5년 이상이라면 만족한다.

지원 대상자로 선정된 이후에는 한국농어촌공사에 농지를 담보로 하여 농지연금 지원약정을 체결하게 되며, 가격은 개별공시지가를 기준으로 평가된다.

농지연금의 지급방식은 가입자의 생존기간 동안 지급받는 종신형과 10년, 20년 등 기간이 정해진 확정연금이 있으며, 가입자가 사망하더라도 배우자가 담보 농지의 소유권이전등기와 농지연금채무 인수를 마치면 농지 연금을 승계하여 계속 받을 수 있다.

농지연금의 액수는 가입자의 연령, 농지가격, 평균수명 등을 고려하여 정해지며, 가입자 사망 시 담보농지를 팔아 연금 지급액을 회수하고도 남은 금액은 상속인에게 돌려주고 부족할 경우에는 농어촌공사가 손실을 떠안게 된다.

 참고

연금 백만장자(pension millionaire)가 되려면

"30년 일하면 연금 백만장자" … '은퇴자의 천국' 불리는 나라
美, 퇴직연금 적극 투자 … 노후 소득이 은퇴 전의 80%
韓, 퇴직금 중도인출해 아파트 '영끌' … 노후 대비 막막

미국 뉴욕에서 보험설계사로 일하는 데이비드 슈워츠 씨(55)는 내년 둘째 아들이 대학에 들어가면 조기 은퇴할 계획이다. 노후 걱정은 없다. 28년간 적립한 401K와 개인은퇴연금계좌(IRA) 덕분에 월평균 8,500달러(약 1,100만원)의 연금을 받을 수 있어서다. 그는 "아내와 한 달에 한 번씩 국내외 여행도 다닐 계획"이라고 했다.

서울 강남의 한 대기업에서 일하는 전모 부장(51)은 은퇴 후 인생을 생각하면 '한숨'만 나온다. 3년 전 마포구에 30평대 아파트를 마련했지만 영끌(영혼까지 끌어모아 대출)도 모자라 퇴직연금까지 중도 인출해 아파트 구입 자금을 마련했기 때문이다. 전 부장은 "월급 실수령액이 1,000만원 안팎인데 대출이자와 생활비를 내고 나면 월급통장에 남는 게 한 푼도 없다"고 말했다.…(중략)…

美선 흔한 '연금 백만장자' … "증시 불안해도 연금은 안 깬다"
401K, 10년간 연평균 8~10% 수익 … 30년 일하면 충분히 백만장자 돼

'은퇴자의 천국'으로 불리는 미국에서 여유로운 노후 생활을 누리는 연금 백만장자가 빠르게 늘고 있다. 미국 운용회사 피델리티에 따르면 올해 미국의 확정기여형(DC) 퇴직연금인 401K 연금자산이 100만달러가 넘는 가입자는 약 37만8,000명으로 집계됐다. 금융위기 직후인 2009년 401K 백만장자는 2만 1,000명이었는데 14년 만에 18배 급증한 것이다. …(중략)…

미국인의 넉넉한 노후소득을 얘기할 때 빼놓을 수 없는 게 401K다. 401K를 중심으로 한 사적연금 제도가 다른 국가보다 잘 갖춰져 있기 때문에 공적연금에 크게 의존하는 국가보다 더 많은 연금을 받을 수 있는 것이다. 미국인의 공적연금 소득대체율은 39.2%로 한국(31.2%)보다 8%포인트 높은 수준이지만 사적연금 소득대체율은 42.1%로 한국(19.6%)의 두 배가 넘는다. …(이하 생략)…

[출처: 한국경제, 2023.9.24.]

미국, 영국, 호주 등 소위 연금 선진국에서는 연금 백만장자가 쏟아지고 있다. 반면, 우리나라는 주택 등 부동산에 자산이 집중화 되어 있는 자산 불평등이 지속되고 있다. 한·미·일의 가계자산 구성비 비교를 살펴보면 한국은 부동산 : 금융자산 비중이 8 : 2 수준이며, 일본 미국은 3 : 7 수준이다. 우리나라 가계의 자산이 유동성이 부족한 부동산에 집중되어 있어 안정적으로 생활 연금을 확보할 수준이 낮다.

〈가계 자산 한미일 구성비 비교〉

구 분	가계자산 대비 부동자산 비율	가계자산 대비 금융자산 비율
한국(한국은행, 2019기준)	약 79%	약 21%
일본(국민계정, 2019기준)	약 30%	약 70%
미국(FRB, 2017기준)	약 30%	약 70%

주1) 일본의 부동산 비율은 1990년대에 60% 수준이었지만 점차적으로 금융자산을 확대하여 선진국 수준에 근접하고 있음을 확인할 수 있음
주2) 한미일은 공통적으로 (건물과 토지) 부동산 전체를 소유하고 거래하는 상행위가 가장 일반화되어 있는 나라들임.

이와 같은 부동산 중심의 자산 축적은 개인 자산의 유동화 비율을 낮추고 있다. 물론 주택연금 및 농지연금 등을 활용할 수 있는 제도적 장치는 마련되어 있지만 자녀 교육비, 자녀결혼비용 등 자녀로 인한 재정적 리스크가 함께 있어 제도의 확장성이 제한적이다.

따라서 부동산에 집중된 자산 형성보다는 안정적 노후생활을 보전할 수 있는 연금자산 형성에 집중해야 한다. 미국 등 선진국에서 연금 백만장자가 쏟아지는 이유는 긴 근로기간 동안 충분한 적립과 적극적인 투자활동의 결과이다. 미국 퇴직연금인 401k에서는 주식형 펀드의 비중이 60%이며 혼합형 펀드를 더하면 약 87%에 이른다. 우리나라는 정반대로 원리금 보장상품에 80%, 투자형 상품에 20% 정도를 투자한다. 연금 투자도 소극적이지만, 생애주기동안 부동산 등을 구입하기 위해 연금계좌를 해지하기도 한다. 이러한 가입자의 행태로 인해 우리나라의 연금 백만장자 숫자는 선진국 대비 절대적으로 적다.

노후 준비 수단인 연금에서도 집을 살 때처럼 '투자형 상품을 보유하면서 장기적 관점에서 바라보는 적립과 투자 행태'를 갖춘다면 우리나라에서 연금 백만장자가 쏟아질 수 있다. 연금 자산은 초 장기적 관점에서 바라봐야 한다.

학습내용정리

- 2층 제도에 해당하는 퇴직급여제도는 기존의 퇴직금 제도와 퇴직연금제도로 구성되어 있다.

- 퇴직연금 제도 도입의 장점을 근로자 입장에서는 퇴직금에 대한 수급권이 강화되고, 사용자 입장에서는 합리적인 재무관리 및 인사관리에 적합하다.

- 퇴직연금제도는 확정급여형제도(DB형제도), 확정기여형제도(DC형제도), 개인형 퇴직연금제도 및 중소기업퇴직연금기금 제도로 구분되며, 계속근로기간 1년에 대하여 30일분의 평균임금에 상당하는 금액 이상을 퇴직급여로 설정한다.

- 3층 연금저축은 가입 대상 기관에 따라 상품의 제공 내용이 다르다.

- 연금저축의 자기부담금 납입 한도는 연간 1,800만원 이내 이며 600만원까지 세액공제 혜택을 부여한다.

- 사적연금제도의 절세효과는 소득이 없는 사람은 연금보험, 소득이 있는 사람은 연금저축을 활용하는 것이 합리적이다.

- 보유한 자산을 현금화하는 방법으로 주택을 담보로 하는 주택연금과 농지를 담보로 하는 농지연금이 있다.

 학습 용어 정리

수급권

근로자가 사용자의 지급불능 리스크로부터 퇴직급부를 보호받을 수 있는 권리

기준책임준비금

DB 퇴직연금제도를 도입한 사업장은 매 사업연도말 근로자의 퇴직급여의 지급에 대응하기 위해 평가 시점 현재 적립되어야 할 금액을 정해야 하는데 이를 기준책임준비금이라 한다. 사용자는 고용노동부가 정하는 방법으로 산정한 금액으로서 ① 보험수리적 가정을 활용한 계속기준책임준비금 ② 연도 말까지의 전 직원이 퇴직할 것을 가정한 비계속기준책임준비금 중 더 큰 금액을 기준책임준비금으로 적립해야 한다.

적립금운용계획서(investment policy statement: IPS)

「근로자퇴직급여 보장법」에 따라 설정된 확정급여형 퇴직연금 제도의 안정성과 투명성을 제고하여 현재 및 장래의 근로자 퇴직급여 재원을 확보하고 장기적으로 적정 수익을 달성하기 위하여 작성하는 운용 정책 수립과 기본 운용지침서를 말한다. 적립금운용계획서에는 퇴직연금 적립금의 운용 목적 및 방법, 목표수익률, 운용성과 평가 등의 내용이 포함되어야 한다.

소득공제(tax deduction)

세금을 내야하는 소득 중에서 일부 금액을 빼주는 것이다. 즉, 소득이 발생하기 위해서는 비용이 들어감을 인정하여 '세금 부과 대상이 되는 소득을 줄여주는 것'을 말한다.

세액공제(tax credit)

세액공제는 과세소득액에 세율을 적용해 산출된 세액에서 일정 금액을 공제하는 것이다. 대표적으로 연금계좌 세액공제가 있으며 2024년 기준 IRP 및 연금저축에 납입한도 중 900만원까지 세액공제 혜택을 부여함.

[근로소득 관련 소득세 계산 흐름도]

	근로소득	
−	비과세 소득	
=	과세대상 근로소득(총급여)	차감항목
−	각종 소득공제	
=	과세 표준	
×	과세표준 소득구간 별 적용세율	
=	산출세액	차감항목
−	각종 세액공제	
=	결정세액	

연금소득세

연금저축계좌나 퇴직연금계좌에 개인이 추가 불입해 세액공제를 받은 원금과 연금계좌전체에서 수익이 난 부분은 연금으로 수령하는 경우, 연금소득으로 연령에 따라 3.3%~5.5%(지방소득세 포함)로 원천징수(연금수령액이 1,500만 원이 넘으면 종합과세에 해당하며, 종합과세에 분리과세중 선택가능) 한다. 연금소득 원천징수세율(지방소득세 포함)은 ① 55세 이상 70세 미만은 5.5%, ② 70세 이상 80세 미만은 4.4%, ③ 80세 이상은 3.3%를 적용한다.

예시문제 – ○ × 문항

01. 기업 및 개인이 준비하는 연금을 사적연금이라고 한다.

02. 근퇴법상 퇴직급여제도에는 퇴직금제도와 퇴직연금제도의 두 가지 유형이 있다.

03. 퇴직연금사업자의 업무 중 운용관리기관과 자산관리기관을 한 금융회사가 동시에 수행할 수 없다.

04. 퇴직연금의 확정급여형(DB)은 근로자의 자기 책임하에 적립금을 운용해야 한다.

05. 확정급여형은 임금상승률이 높고 안정된 대기업에 유리한 제도이다.

06. 우리나라 퇴직연금제도의 사전지정운용제도(디폴트옵션)의 대상자는 확정급여형, 확정기여형 및 개인형 IRP 가입자 모두에게 해당된다.

07. 우리나라 3층 연금제도에 해당하는 연금저축은 납입단계에서의 세제혜택은 없다.

08. 세제비적격 연금 상품은 보험회사만 취급한다.

정답

01. (×) – 기초연금도 있음.
02. (○)
03. (×) – 번들형 가능
04. (×)
05. (○)
06. (×) – 회사책임형인 DB는 해당사항이 없음
07. (×) – 세제혜택이 있음. 세액공제 혜택
08. (○)

09. 주택연금 가입자격은 부부 중 한명이라도 65세 이상이어야 한다.

10. 연금저축신탁은 2023년 현재 신규 가입이 가능하다.

🔒 정답

9. (×) – 부부 중 55세 이상이 한 명이라도 있으면 됨
10. (×) – 2018년 이후 판매 중지

예시문제-빈칸 채우기

01. 우리나라 근퇴법에서 퇴직연금제도는 근로자의 (   ) 목적으로 도입되었다.

02. 계약형 퇴직연금제도의 주요 이해관계자는 (   ), (   ), 퇴직연금사업자 및 정부가 있다.

03. 근로자가 받을 퇴직급여 수준이 사전에 결정되어져 있는 제도를 (   ) 제도라 한다.

04. 사전지정운용제도에 해당하는 퇴직급여 제도는 (   ),(   ) 이다.

05. 연금저축중 납입시 세제혜택이 없으나, 법상 요건을 충족하면 연금으로부터 얻는 이자에 대해 이자소득세를 내지 않는 세제비적격 상품을 (   )이라고 한다.

예시문제-논술형

01. 우리나라의 2층 연금에 해당하는 퇴직연금제도에 대해서 설명하시오.
02. 확정급여형과 확정기여형제도 가입 시 고려할 사항에 대해서 기술하시오.
03. 세제적격 연금저축의 종류 및 특성에 대해서 설명하시오.
04. 퇴직연금사업자의 역할 및 주요 업무는 무엇인가?
05. 우리나라 연금체계의 개요에 대해 설명하시오.

정답

01. (노후생활 보장)
02. (근로자), (사용자 – 기업)
03. (확정급여형 – DB형)
04. (확정기여형 – DC형), (IRP)
05. (연금보험)

MEMO

학습개요

본 장에서는 급속히 진행되는 고령화와 그로 인해 급부상 중인 실버경제의 현황과 전망을 알아보고 핵심 영역 중 하나인 실버금융에 대해 학습한다.

학습목표

고령화로 인해 가속화된 실버경제의 개념을 이해할 수 있다.

고령화에 따른 노후 생활의 리스크를 알고 노후 준비의 필요성을 설명할 수 있다.

5

고령화의 경제학

01 고령화와 연금 경제학

증가하는 고령인구로 인해 노인의 적정한 소비가 경제 순환의 주요 핵심으로 부상하고 있다. 은퇴 이후의 행복한 노후 생활을 보장하기 위해서는 잘 갖춰진 연금제도와 연금 관련 정책이 마련되어야 한다. 이로써 개인은 근로기간에 노후를 대비하여 충분한 연금적립을 통해 은퇴 이후 소비의 기반을 만들게 된다. 연금을 기반으로 하는 소비는 보건의료, 사회서비스, 일자리 유지와 음식 및 소비재 산업의 매출을 늘려 경제순환에 기여한다. 즉 연금 지출은 소비라는 편익을 준다. 이처럼 노후에 필요한 소비를 위해 근로기간의 저축 및 연금 적립 요인에 대한 의견이 구분된다. 인간을 합리적 경제 주체로 보는 주장과 인간의 행동이 심리적 요인에 따라 달라진다는 의견으로 나뉜다.

1. 저축과 연금제도

저축과 연금제도의 관계는 어떨까? 생애주기 동안의 저축에서 연금은 매우 중요한 역할을 한다. 저축과 연금은 은퇴 이후 소득이 줄어든 환경에서 개인의 소비평활화를 가능하게 하는 기능이 있다. 가계는 소득이 있는 기간 동안 개별 사정에 따라서 저축을 안 하거나 적게 할 수도 있고, 혹은 지나치게 많이 할 수도 있다. 이러한 개별 가계의 차이를 연금제도를 통해서 은퇴 이후 소비의 불확실성을 연금이 완화해 준다.

누구에게나 은퇴는 예측이 가능한 이벤트이다. 그러기에 미리 대비를 해야 한다. 모든, 가계가 알아서 소득이 있는 기간 동안 충분한 저축을 통해 은퇴 이후의 노후 소득을 준비한다면 공적연금 제도의 시행과 같은 정부 개입의 여지는 없다. 정부가 개입하지 않아도 가계의 소비평활화를 이룰 수 있기 때문이다.

그러나 대부분의 가계가 당장의 소득으로 소비를 충당할 수 없거나, 지나치게 현재 소비를 추구하므로 미래를 대비한 충분한 저축의 여력이 부족하다. 따라서 국가는 공적 및 사적연금제도를 통해서 이를 보완하고 있다. 연금제도를 통하여 개인들에게 미래를 위해 대비하게 함으로써 은퇴 기간의 소비에 충당하도록 한다.

연금제도의 필요성과 이점을 살펴보자.

▶ 연금제도는 가계가 은퇴할 때 소득의 감소분을 보충해 준다.

▶ 연금수급자가 사망한 경우 부양가족에게 일시금 또는 연금의 형태로 지급한다.

▶ 국가는 연금제도를 통해 소득재분배에 의한 불평등을 완화시킨다.

▶ 국가는 연금제도를 장려하기 위해 연금 납입액 및 투자소득에 대해 세금혜택을 부여한다.

연금은 노후 소득보장과 소득의 재분배 기능을 한다. 또한, 연금제도는 개인에게 노후를 위한 저축 수단으로 제공되기 때문에 저축제도와 연금제도는 밀접한 관련이 있다. 개인이 연금에 정기적으로 납부함에 따라, 은퇴기간 동안 정기적인 소득 흐름을 제공할 수 있는 자산을 축적할 수 있다. 이를 위해 국가는 개인들의 은퇴 소득을 극대화할 수 있도록 다양한 연금 제도를 설계하고 연금자산을 축적해기 위해서 연금재정 방식을 수립한다. 연금재정 방식은 부과방식과 적립방식(6장에서 자세히 설명)으로 구분하고, 강제화 유무에 따라 강제연금과 자율형으로 구분하여 운영된다.

2. 생애주기모형

전통적 경제학에서는 개인은 자신이 바라는 삶을 실현하기 위해서 재무적·비재무적 상황을 체계적으로 분석하고 생애 단계별 목표를 합리적으로 수립한다고 가정한다. 개인은 한 평생 여러 단계의 저축과 소비

프랑코 모딜리아니
(F. Modigliani: 1918년~2003)

이탈리아계 미국인 경제학자
1985년 노벨경제학상 수상
소비이론에서 생애주기가설을
연구한 공로

주기를 거치게 되는데 이를 잘 설명한 이론 중 하나가 생애주기모형(life cycle model: LCM)이다.

생애주기모형은 프랑코 모딜리아니(F. Modigliani)와 알버트 안도(A. Ando) 등에 의해 주장된 것으로 소비는 소비자가 전 생애에 걸쳐 버는 총 소득에 의해 결정된다는 가설이다. LCM에 따르면 저축에 대한 유인은 은퇴 후의 지속적인 소비를 할 자산을 축적하기 위해서이다. 즉 합리성 가정에 따라 생애에 걸친 소득과 자산을 예측하여 현재가치화하고 이를 통해 생애소비 수준을 안정되게 유지한다.

일반적으로 생애 초기와 말기에는 소득이 상대적으로 낮고 한창 일하는 시점인 중기에는 높다. 한 개인의 일생을 보면 젊을 때는 소득이 낮아 저축 여력이 없다. 이때는 생활방식을 개선하기 위해서는 부채를 지지만(-저축 S_2) 인생 중반기인 40대~50대에 이

그림 5-1 **생애주기 모델**

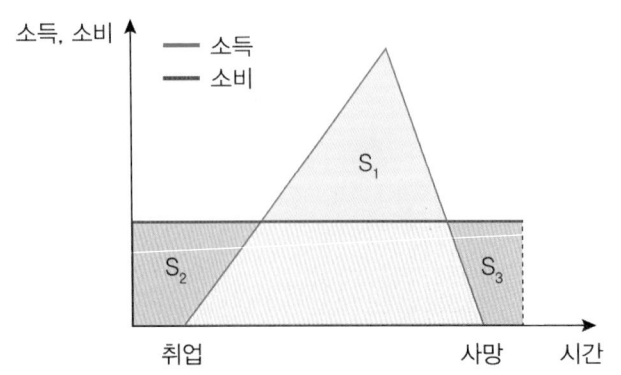

르면 수입이 정점에 달해 부채를 갚고 저축을 하면서 노년에 대비하게 된다. 요즘은 이 시기가 60대 이후까지 지속된다. 중년기인 이때 (+)저축(S_1)을 한다. 일을 그만 두거나 일이 줄어 은퇴 시가가 본격적으로 시작되면 더 이상 저축을 하지 않는다. 이때 (−)저축(S_3)이 되는 것이다. 노년에 이르면 생활에 필요한 자금을 얻기 위한 소비활동과 영양 활동에 필요한 경비를 마련하기 위해 저축한 자산을 소비하거나 처분하게 된다.

LCM은 가계가 사망 시 자식에 대한 유증(bequest)없이 자신이 축적한 부를 모두 소비한다고 가정하고 있으므로 전 생애의 저축구조는 다음과 같다.

$$S_1 = S_2 + S_3$$

이처럼 생애주기모델을 바탕으로 인생을 흑자기와 적자기로 나누고 해당 기간 동안의 주요 필요경비에 대한 자금 마련을 고려한 방법을 추천하는 생애재무설계 서비스를 제공하는 금융회사도 많다.

이 모형은 개인이 경력을 쌓고 미래를 계획하면서 자산을 축적하는 과정을 설명하는데 젊은 시절에 더 많이 저축하고 더 적게 소비하는 경향이 있음을 알려준다. 은퇴 연령에 도달하면서 저축을 줄이고 지출을 늘리면서, 생활비 마련을 위해 축적된 자산과 연금을 찾아 쓰고 사회보장제도에 의존하게 된다.

구체적으로는 개인이 태어나서 교육을 받는 기간은 부모님의 도움이나 부채를 통해 소비 비용을 충당한다. 취업을 하게 되어 소득이 발생하면서 변화하는 개인의 소비 수준과 재무 상황을 고려하여 은퇴 저축 및 투자 전략을 수립한다. 자녀 교육을 위해 저축을 하고, 집을 사고, 가족을 부양하고, 은퇴 자금을 대는 등 사람들이 일생 동안 직면하는 다양한 재정적 상황을 계획하고 대처하는 방법을 제공하는 것이다.

생애주기모형에 따르면 개인은 모든 의사결정을 주어진 조건하에서 가장 합리적으로 하여 현재 소비를 줄여 저축하여 미래에 대비하기 때문에 특별히 염려할 것은 없다. 위와 같이, 생애주기모형에서 확인한 바와 같이 개인은 일을하기 시작하면서 일정 부분 소비를 하고 나머지는 노후 등을 대비해 자산을 축적(accumulation)한다. 은퇴 이후에는 축적된 자산을 인출(decumulation) 하면서 소비를 한 후 사망에 이르게 된다.

3. 행동학적 생애주기가설

　행동학적 생애주기가설은 전통적인 생애주기 가설에서 주장하는 인간이 항상 합리적이라는 비현실성을 언급하면서 인간의 불완전성과 심리적 측면에 관심을 둔다. 생애주기가설은 개인이 합리적으로 효용을 극대화하는 완전한 의사결정을 한다고 가정한다. 그러므로 이미 생애 모든 소득이 계산되어 연금화 되어 있으므로 현재 주어진 연금 가치만 사용하면 문제가 해결된다고 본다. 하지만 현실적으로는 그렇지 않다. 생애주기 가설의 가정의 실현은 거의 불가능하다. 왜냐하면 현실적으로 개인들은 마음속에 있는 일관되지 않은 두 개의 선호체계(the planner-이성적인 면, the doer-감성적인 면)를 가지고 있기 때문이다. 또한 미래에 기대하는 소득의 현가를 계산하는 것도 실제로는 어렵다. 개인은 자신의 내부에 존재하는 두 종류의 선호체계로 인해 내적갈등(예: 현재 소비를 더 할 것인가? 미래에 소비를 더 하기 위해서 저축을 할 것인가?)을 하게 된다. 따라서 개인은 최선책을 찾지 못하고 결국 차선책을 선택하게 된다.

　이러한 이론은 세프린(Shefrin)과 탈러(Thaler)에 의해 1988년 행동학적 생애주기가설(behavioral life-cycle theory)로 발표되었다. 행동학적 생애주기 가설은 기존의 경제학에서 간과되어 온 중요한 행동학적 특성인 자제력(self-control), 심리계정(mental accounting),[1] 프레이밍(framing)[2]을 포함시켜야 개인의 행동을 더 잘 설명할 수 있다고 본다. 이에 따르면 개인은 현재 소비를 선호하기 때문에 미래 소비를 위해서는 자제력이 필요하

---

1) 리처드 탈러 교수가 만든 행동경제학적 개념으로 '같은 돈이라도 심리적으로 다른 이름을 붙여 다르게 취급'하는 개념임.
2) 동일한 사안이라고 해도 제시되는 방법에 따라 그에 관한 해석이나 의사결정이 달라지는 인식의 왜곡(cognitive bias) 현상을 말함.

며, 이를 위해서 의지 노력인 심리적 비용이 요구된다고 본다.

전통적인 생애주기가설과 비교하면 은퇴 후 소비생활은 자산을 이용하여 이루어지는 점에서 공통적이나 자산 종류간의 차이를 고려하는 것이 다르다. 행동학적 생애주기가설에서는 가계가 지닌 부는 얼마나 쉽게 현금화 하여 소비에 이용될 수 있느냐에 따라 현재 소득계정, 자산 소득계정, 미래 소득계정이라는 3개의 심리계정으로 나누어진다. 서로 다른 심리계정에 가계의 부를 다양하게 배분하며 이들 중 어떤 것은 다른 것보다 더 쉽게 쓰고자 한다는 것이다.

이러한 행동학적 생애주기가설에 의한 가계의 소비함수는 아래와 같다.

$$C = c(I, A, F)$$

(C: 가계소비, I=가계의 현재소득,
A=가계의 현재자산, F=가계의 미래소득)

이때, 각 심리계정이 한계소비성향의 크기는 현재소득계정(I) >현재자산계정(A) > 미래소득계정(F)이 될 것이며, 심리비용의 크기는 미래소득계정(F) > 현재자산계정(A) > 현재소득계정(I)이 된다.

이를 쉽게 설명하면 행동학적 생애주기가설에 따라 A씨와 B씨 중 현재 연금소득이 높은 B씨의 소비성향이 증가함을 알 수 있다.

한편, 행동학적 생애주기가설은 왜 개인들이 충분한 연금 적립금을 가지고 있지 않은지 설명하는 데 도움이 된다. 충분한 연금 적립이 되지 않은 이유는 첫째, 개인들은 젊었을 때 노후를 위해 저축하는 것보다 현재의 소비를 우선시하기 때문이다. 개인은 학자금 대출을 갚고, 집을 사거나, 가족을 부양하는 것과

A씨

국민연금 100만원
금융자산 8억

B씨

공무원연금 300만원
금융자산 2억

같은 은퇴를 위한 저축보다 당장 급한 니즈를 중요하게 생각한다. 이를 현재 편향이라고 하는데 개인이 장기적인 효용보다는 당장의 효용을 더 추구하는 것을 의미한다. 둘째, 개인들은 금융 지식의 부족이나 은퇴 이후 필요한 자금 소요량, 투자수익률 등에 대한 비현실적인 기대를 하기 때문에 은퇴 시 필요한 부(wealth)의 양을 정하기 어렵다. 개인들은 연금이 부족하더라도 더 높은 투자수익률을 달성할 수 있거나 노후자금이 충분할 것으로 보는 지나친 자기 확신을 가진다. 이외에도, 개인들은 은퇴 준비에 대한 행동학적 장벽에 부딪힌다. 예를 들어, 개인들은 은퇴 준비를 미루거나, 동료의 소비성향을 따라잡기 위해 현재의 소비에 더 많은 돈을 쓰는 경우이다.

이러한 비합리적인 개인의 특성을 해결하기 위해 정책 입안자들은 개인의 라이프 사이클에 맞는 연금 시스템을 설계하고 은퇴를 위한 저축을 장려, 금융 및 연금 교육을 통해 개인들이 은퇴 준비를 더 잘 이해하도록 도와야 한다.

02 고령화가 가져오는 산업 기회

일반적으로 고령화가 거시경제에 미치는 영향은 경제성장 동력의 하락이다. 고령화는 생산가능 인구의 비율을 낮추고 고령층은 경제에서 소비형 인구에 해당하기 때문에 고령화 정도가 높은 국가일수록 경제성장률이 낮아지는 경우가 많다. 하지만, 고령인구가 매월 정액으로 받는 연금은 소비로 이어져 한 국가의 경제를 선순환으로 유도하기도 한다. 특히 베이비부머 세대의 본격적 은퇴에 따른 소비 증가는 한 국가의 GDP에 기여하는 바도 클 것이다. 국가는 고령화에 대응하기 위해서 고령층을 대상으로 연금지출, 의료 위생 서비스 등에 대한 지출을 증가시킨다.

개인은 노후를 대비한 연금 가입을 늘리고 저축을 증대하고자 한다. 이러한 재정적 지출 및 개인적으로 축적한 자금은 관련 산업을 발전시키는 '실버경제(silver economy)'가 태동하게 된다.

1. 개 요

65세 이상 노인(시니어) 인구의 구성 비율 및 소득수준이 점차 높아짐에 따라 선진국을 시작으로 한 고령자 대상 관련 산업들이 지역별, 국가별로 다양한 용어의 형태로 발전하고 있다. 가장 흔히 접하는 용어는 실버경제이다. 실버경제란 2005년 독일 본(Bonn)에서 유럽의 삶의 질, 성장과 경쟁력 제고를 위한 컨퍼런스에서 처음 등장했다. 고령화를 새로운 기회로 인식하고 고령자들에게 새롭고 혁신적인 제품과 서비스를 제공함으로써 새로운 일자리를 창출하고 기업과 국가의 경쟁력을 높이자는 것이다. 또한 일본에서 주로 사용한 실버산업(silver industry)은 학문적 용어가 아닌 실무적으로 많이 사용되고 있다. 일본의 기업들이 노인대상의 사업에 대한 관심이 증대되기 시작하면서, 노인의 흰 머리카락(silver hair)을 '은백의 기품'에 비유하면서 1970년대 후반부터 사용하기 시작하였다. 서구권에서는 노인시장(elderly market, mature market)으로 우리나라는 고령친화산업(senior friendly industry)으로 통칭하고 있다.

실버경제는 좁은 의미에서는 노인을 위한 제품과 서비스에 초점이 맞춰진다. 노인용 주택의 주거서비스, 가사대행, 수발 및 간병, 재가서비스(주간보호, 단기보호 등)이며 넓은 의미에서는 시니어 층은 물론, 비시니어 층의 노후 대책으로서 소비에만 한정되지 않은 포괄적인 개념이다. 즉, 삶의 보람과 관련된 생활, 고용, 생활 설계, 자산관리, 연금설계 등의 모든 서비스가 포함되는 개념이다.

실버경제의 핵심은 고령화 대상으로 불리는 노인층이다. UN에 따르면 60세 이상 인구는 2017년 9억 6,200만 명에서 2050년에는 21억 명에 이를 것으로 예상된다. 이러한 기반에 따른 실버경제의 위상은 전 세계

인구의 고령화에 따라 급속도로 성장하고 있다.

 **참고**

노인에 대한 정의

▸ 유엔(UN): 노인에 대해 채택한 표준은 없지만 일반적인 고령인구를 65세 이상으로 정의.
▸ 우리나라 노인의 기준: 노인에 대한 기준은 없지만, 통상 65세를 기준.
▸ 세계보건기구(WHO): 일반적으로 달력상의 나이(calendar age) 65세 이상
▸ 뉴가튼(Neugarten, B. L., 1982): '노인'은 75세 이후를 의미하며 연령에 따라 다음과 같이 세분하여 구분.
 - 프리 시니어(pre-senior): 40~49세 은퇴를 앞두고 준비하는 세대.
 - 액티브시니어(active-senior): 50~75세 경력, 경제력 및 왕성한 소비력을 갖춘 세대.

실버경제의 수요는 노인의 특징으로부터 가늠할 수 있다. 노인은 과거 소비영역에서 소홀히 여겨졌지만 최근에는 사적 소비 영역의 주체가 되고 있다. 또한, 노인의 니즈는 다양하고 사회경제에 더욱 적극적으로 참여하길 원한다. 이로써, 다양한 경제 분야에서 규모의 경제를 키울 수 있다3).

실버경제의 미래는 1인(노령) 가구의 증가에 따라 성장세가 더욱 커질 전망이다. EU에서 60세 이상의 가구의 비율은 2010년 36%에서 2030년에는 43% 이상으로 증가될 것으로 예상하였으며 이에 따른 노인 인구의 소비 잠재력은 더욱 커질 것이다. 따라서, 노후 소득의 가장 중요한 "공급자"인 연금 제도가 실버경제 수요(소비)에 미치는 영향은 상당할 것이다.

---

3) "Silver Economy" in Germany-more than only the "economic" factor: old age! Journal on Social & Psychological Gerontology, 2009, vol. 2, p.37-52.

2. 실버경제의 유형

실버경제는 인간의 자연스런 노화과정에서 발생하는 신체적·정신적 자립도가 약화된 삶을 유지·발전시키는 것을 새로운 기회로 삼아 고령자들에게 새롭고 혁신적인 제품과 서비스를 제공하는 것에 초점이 맞춰져 있다. 개발된 제품과 서비스는 노인(시니어)을 위한 특화 상품부터 모든 연령층이 사용하는 범용적 상품도 포함하는 광범위한 영역이다. 인구고령화를 먼저 경험한 일본, 미국, 유럽 등의 국가 국가들의 사례에서 알 수 있듯이 베이비부머(baby boomer)[4] 세대가 은퇴 연령에 접어들면서 실버경제는 커졌다.

베이비부머는 나라마다 시기가 다르다. 미국의 베이비부머 세대는 1946년~1964년생이 주가 되며 2022년 기준 미국 전체 인구의 30% 이상을 차지하고 있다. 이들은 2011년부터 65세 이상의 고령층으로 진입한 바 있다. 일본의 베이비부머 세대는 단카이세대(1947년생~1949년생)로 불리며 2012년부터 65세에 진입하였다. 우리나라의 1차 베이비부머 세대는 1955년~1963년생으로 2020년부터 65세에 진입하였다. 베이비부머 세대가 65세에 진입하면서 주요 고령 소비층으로 떠오르면서 실버경제 연관된 상품과 서비스 개발이 활성화 되고 있다.

1) 실버경제의 유형

실버경제의 주 타겟층은 좁게는 노인이나 넓게 보면 노후를 대비하는 모든 연령 계층이다. 처음에는 고령층을 위한 공공 복지적 차원에서 서비스 등이 도입되었으나, 최근에는 민간 차원에서 자유 시장 원리에 따라 제품과 서비스가 제공되고 있다. 실버경제는 고객층의 니즈에 따라 다양하게 개발될 수 있는 확장성의 특성이 있으며 다양한 유형으로 구분할 수 있다.

---

4) 베이이부머란 일반적으로 제2차 세계대전 이후 출산율 증가로 태어난 세대로 산업화와 경제성장, 대중소비문화, 높은 교육열 등 유사한 특징을 경험한 세대로 정의한다.

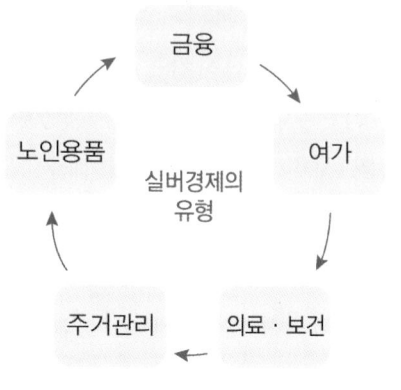

그림 5-2　**실버경제의 유형과 분류**

　실버경제의 유형은 금융, 여가, 의료·보건, 주거관리, 노인용품으로 나눌 수 있다. 먼저, 금융부문의 개념을 알아보자. 금융부문은 시니어층 또는 은퇴 준비를 위한 소비자에게 적합한 금융 상품과 서비스를 제공하는 것을 말한다.

　여가 부문은 여가활동 부문과 사회 활동 두 부문으로 나눌 수 있다. 여가활동 부문은 스포츠, 취미생활, 오락, 관광 등의 산업이 해당된다. 사회활동 부문은 시니어 층 대상의 직업알선, 교육, 취업 등으로 구분할 수 있다. 의료·보건 부문은 노인 건강 전반에 대한 헬스케어 산업으로 발전하고 있다. 주거관리 부문은 실버타운, 간호 및 재가 서비스 등이다. 노인용품은 의료, 식품, 생활용품, 서비스 등 시니어의 요구에 맞도록 만들어진 상품을 말한다. 이러한 실버경제의 여러 산업은 인공지능(artificial intelligence, AI), 로봇, 사물인터넷(internet of things, IoT) 등의 기술을 이용해 질병을 관리하고 돌봄 부담을 줄이는 시도로 발전되고 있다.

2) 실버경제 현황

　세계 주요 선진국의 경우 고령화 진행 정도에 따라 관련 경제 규모도 급속히 증가하고 있다. 한편, IT 기술이 접목된 기기와 서비스를 활용할

수 있는 세대는 향후 IT 접목 융합 기기나 서비스에 대한 수요도 높을
것으로 예상하고 있다.

    미국은 전 세계의 실버경제 규모로는 세계 최고이다. 특히, 미국의 베
이비부머 세대는 적립된 연금자산이 많아 은퇴 이후에도 높은 소비력을
보이고 있다. 일본은 노인인구 비율이 가장 높은 나라로 실버시장 규모
는 점점 증가하고 있다. 우리나라의 경우 세계에서 고령화 속도가 가장
빠른 나라이다. 우리나라의 베이비부머 세대는 높은 문화적 개방도와 소
비성향을 가지고 있어 실버경제 규모가 더욱 커질 것으로 예상된다.

표 5-1   주요 선진국의 실버경제 현황

구 분	핵심 특징	주요 내용
미 국	실버경제 규모 세계 1위	− 미국 실버경제 규모는 전 세계 1위. 2025년 3조 5천억달러 수준. − 2030년 8천만명의 베이비 부머 세대(1946~1956년) 모두가 65세 이상 고령층 진입. − 미국 베이비 부머는 자녀 세대인 밀레니얼 및 Z세대 대비 자산과 연금소득이 많아 은퇴 이후에도 높은 소비력을 보이고 있음.
일 본	노인인구 비율이 가장 높은 나라	− 2025년 실버시장 규모는 약 100조엔(8천억달러)대이며, 계속 증가 추세에 있음.
한 국	고령화 속도가 가장 빠른 나라	− 우리나라는 고령사회로 진입하는데 17년이 소요. 일본 24년, 프랑스 115년 대비 세계에서 가장 빨리 늘어가는 나라임. − 한국의 실버경제 규모는 2030년 168조원에 이를 것으로 전망 됨. − 한국의 베이비부머 세대는 높은 문화적 개방도와 소비성향을 가지고 있어 규모는 점차 더 커질 것으로 예측함.

03 연금과 실버금융

본격적인 고령화 시대에는 고령층의 안정적 노후생활 지원이 필요하다. 금융분야에서도 고령층을 대상으로 하는 금융 상품과 서비스가 활발하게 제공되고 있다. 고령층 및 은퇴 이후를 준비하는 소비자에게 제공하는 실버금융에 대해 알아본다.

1. 실버금융이란?

실버금융은 인구 고령화에 대응하여 개인 금융자산을 관리하여 노후 소득의 안정적 흐름을 유지하고 고령층의 금융이용 불편을 해소하면서 안전한 금융생활을 지원하기 위한 다양한 서비스 및 제도를 총칭하는 개념으로 정의한다. 이러한 실버금융은 고령층의 새로운 니즈(needs)가 기존 세대와 다르기 때문에 발전하게 된다. 고령층의 니즈는 크게 세 분야로 나눌 수 있다. 먼저 소득니즈(income needs)인데 은퇴 이후에도 일정 수준의 현금흐름을 확보하고자 하는 것이다. 다음으로 건강니즈(healthcare needs)는 수명 연장 등으로 건강 유지에 대한 관심이 높아지면서 의료비 지출 증가 등에 대비하는 수요이다. 마지막으로 자산관리위탁(wealth management care needs)은 노후 자산관리를 위한 프라이빗 뱅커(private banker) 또는 재무 설계사(financia planner)에게 위탁하고자 하는 수요이다.

이러한 니즈에 부응하기 위한 실버금융의 최근 떠오르고 있는 상품과 서비스 영역은 다음과 같다. 첫째, 안정적인 노후생활을 유지하는데 필요한 자금조달과 관련된 금융 상품분야가 있다. 둘째, 금융상품을 조합하거나 상품이외의 서비스를 포함하는 자산관리 서비스 분야이다. 셋째, 시니어층의 금융 접근성이나 금융 소외 현상을 제고하는 분야로 나눌 수 있다. 특히 첫째와 둘째는 실버금융의 핵심영역인데 이는 시니어층이 관리해야 할 장수리스크, 건강리스크 및 재무리스크를 대비할 수도 있도록 발전하고 있다. 주요 상품 및 서비스는 아래 표와 같이 다양하게 제공되고 있다.

📊 표 5-2 **주요 상품 및 서비스**

실버금융	장수리스크	개인연금(즉시 연금보험 포함), 퇴직연금, 주택연금(역모지기)제도
	건강리스크	건강보험(암보험, 생해보험 포함), 장기간병보험
	재무리스크	자산관리서비스(PB, WA, FP)

2. 실버금융 산업의 특징

인구 고령화는 금융 산업에 어떻게 영향을 미칠까? 인구 고령화가 진행되면 가계 순자산의 축적 속도가 빨라지고 가계의 자금수요(부채)는 유지된다. 그리고 노후 대비용 보험·연금산업 및 자산관리업의 비중이 증가한다. 또한 장기금융자산에 대한 수요 증가로 금리는 장기금리를 중심으로 하락 압력을 받고, 가계의 자산 수요 증가로 주식 등 투자형 상품 수요는 증가한다. 금융 산업도 고령화에 따른 실버경제가 발전하는 맥락에서 노령인구에 초점을 맞춰 금융시스템을 변화시키고 새로운 대안 상품을 개발한다.

하지만, 실버금융은 특성상 다른 실버산업과 차별화되는 특징이 있다. 첫째, 실버금융의 상품과 서비스는 장기간에 걸쳐서 준비되어야 한다. 돈을 모으는 자산의 축적에서 시작하여 노후에 자산의 인출까지 이어지는 장기상품이기 때문이다. 연금과 보험 등의 금융상품은 은퇴 후 노인으로 진입할 시점부터 필요로 하지만 시작은 사회생활 시작부터 준비해야 한다. 특히 노후를 위해 자산축적을 집중적으로 해야 하는 30대부터 50대에 이르기 까지 최소 15년에서 최장 35년 이상 준비해야 하는 장기상품이다. 장기 자산 축적의 시기가 지나면 노후 소득 자산관리를 어떻게 해야 하는지도 중요하다. 연금의 인출 시기와 방법 등에 대한 서비스가 중요한 이유이다. 60대 이후에는 일반적으로 자산의 축적보다 인출의 규모가 확대되기 때문이다.

둘째, 실버금융 상품 및 서비스는 정부가 사회보장제도 등을 통해 보장되는 기본적인 수준에 추가하여 개인의 필요에 따라 준비되기 때문에 선택이 가능하다. 이의 의미는 실버금융과 사회보장제도와 적절하게 조합됨으로써 보장의 충분성과 안정성을 시니어 층은 제공 받을 수 있다.

셋째, 실버금융과 산업의 발전은 금융 디지털화와 동시에 성장하고 있다. 금융 디지털은 급속히 발전하고 있지만, 이에 익숙하지 않은 고령층의 디지털 소외 및 금융 스미싱 등 금융사기에 노출될 가능성이 증대되고 있다. 특히 디지털 소외 현상이 가장 두드러지는 고령층의 경우 디지털 기기나 금융 앱(app) 이용 시 어려움을 겪고 있는 것으로 나타나고 있다. 금융 디지털화로 인한 고령자 금융 소외를 줄이기 위해 고령자의 특성을 반영한 사용자환경(UI) 개선과 고령자 디지털 역량 제고를 위한 효과적 교육이 필요하다.

3. 주요 실버금융 상품 및 서비스

실버금융과 관련된 전통적 금융상품 및 서비스 종류와 최근 금융 분야의 변화상에 대해서 알아본다.

1) 금융 상품분야

은퇴 후 안정적인 노후 생활유지에 필요한 자금을 마련하는 방법은 매년 정기적으로 연금 급부금이 지급되는 개인연금·퇴직연금 등의 연금, 이자가 지급되는 은행 예·적금, 투자이익·배당이익이 지급되는 신탁·주식·실적 배당형 펀드 등의 금융상품을 이용하여 조달할 수 있다.

2) 금융서비스 분야

금융서비스분야는, 실버세대의 자산관리나 보유자산의 상속·증여 등에 대한 컨설팅 서비스를 제공하는 분야이다.

그림 5-3 **노후준비 금융서비스**

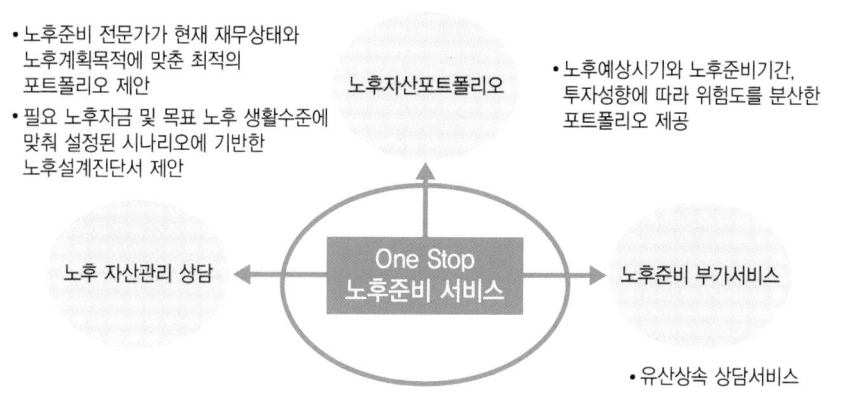

시니어 층은 대체적으로 자신이 보유하고 있는 금융자산의 저축에 의한 이자소득이나 투자에 의한 배당소득, 그리고 부동산 등의 실물자산의 임대나 매각에 의한 임대소득 등으로 노후 생활을 영위하게 된다. 그러나 금리 수준의 하락과 주식 및 부동산시장의 침체, 물가상승 및 세제의 변동 등과 같이 사회·경제적 환경이 변화 할 경우에는 보유자산의 가치 하락이나 소득감소 등과 같은 자산 관리 리스크가 증가하게 된다. 따라서 이러한 위험관리를 위해 노후 자산관리 포트폴리오 구축, 노후자산관리 상담 등이 필요하다. 또한, 노인들이 보유하고 있는 자산을 자녀에게 상속하거나 증여할 경우에는 세금을 절약하는 방법에 대한 컨설팅 서비스가 필요하게 된다.

학습내용정리

- 생애기간 동안 저축과 연금제도는 개인의 은퇴 이후 소비의 평탄화를 위해 아주 중요한 역할을 한다. 연금제도는 가계가 은퇴할 때 소득의 감소분을 보충해 주는 등 필요한 제도이다.

- 생애주기모형은 인간은 합리적인 의사결정을 하기 때문에 소비는 소비자가 전 생애에 걸쳐 버는 총소득에 의해 결정되고, 은퇴 이후를 대비해서 근로기간에 충분히 저축을 한다는 이론이다.

- 현실의 인간은 합리적이지 못하고 생애 총 소득에 의해 소비를 결정하는 것이 아니라 자기통제, 심적회계 등에 따라 결정한다는 행동학적 생애주기 가설이 행동경제학자들에 의해 주장되었다.

- 고령화에 따라 새로운 산업의 기회가 발생하는 데 이를 실버경제라고 한다. 선진국을 중심으로 실버경제의 규모는 점점 더 확대되고 있다.

- 실버경제는 금융, 여가, 의료·보건, 주거관리, 노인용품 등의 분야로 구분된다.

- 실버경제 중 금융의 분야를 실버금융이라고 하는데 고령층의 소득, 건강니즈 및 자산관리 위탁 니즈에 따라 장수리스크, 건강리스크 및 재무리스크를 관리하는 상품 및 서비스가 발전되고 있다.

- 노령층을 위한 금융서비스는 노후 자산 포트폴리오, 노후 자산관리 상담 및 노후 준비 서비스로 구분될 수 있다.

학습 용어 정리

베이비붐 세대(baby boomers)

전쟁 직후 신생아가 급증한 세대를 말한다. 우리나라의 경우 1955년~1963년 생을 통칭한다. 일본의 1차 베이비붐 세대(단카이세대)는 1947년~1949년 출생자를 의미한다. 미국의 경우는 제2차 세계대전이 끝난 1946년 이후 1964년 사이에 출생한 세대를 말한다.

사물인터넷(internet of things: IOT)

사물인터넷은 사물에 센서를 부착해 실시간으로 데이터를 인터넷으로 주고받는 기술이나 환경을 일컫는다. 사물인터넷 시대가 열리면 인터넷에 연결된 기기는 사람의 도움 없이 서로 알아서 정보를 주고받으며 대화를 나눌 수 있다

심리계정(mental accounting)

리처드 탈러 교수가 만든 행동경제학적 개념으로 '같은 돈이라도 심리적으로 다른 이름을 붙여 다르게 취급'하는 개념이다.

인공지능(artificial intelligence: AI)

인간의 인지·추론·판단 등의 능력을 컴퓨터로 구현하기 위한 기술. 혹은 그 연구 분야 등을 총칭하는 용어로 사용된다.

프레이밍(framing)

동일한 사안이라고 해도 제시되는 방법에 따라 그에 관한 해석이나 의사결정이 달라지는 인식의 왜곡(cognitive bias) 현상을 말한다.

예시문제 – ○×문항

01. 은퇴 이후의 행복한 노후 생활 보장을 위해서는 연금제도와 이와 관련된 연금정책이 잘 마련되어야 한다.

02. 연금제도는 노후소득보장과 소득의 재분배 기능을 한다.

03. 생애주기모델에 따르면 적자구간은 생애 초기에만 발생한다고 본다.

04. 행동학적 생애주기 가설에 따르면 현재 소비는 미래소득의 크기에 따라 결정된다고 본다. 즉, 미래 소득이 클 것으로 예상되면 현재 소비가 증가하는 것이다.

05. 고령화가 이끄는 산업의 기회와 관련되어 실버경제, 실버산업, 노인시장, 고령화 친화산업 등 다양한 용어가 혼재되어 사용되고 있다.

06. 뉴가튼은 50세에서 75세의 사람을 경력, 경제력 및 왕성한 소비력을 갖춘 액티브시니어로 구분하였다.

07. 실버경제의 유형은 여가, 의료 보건, 주거 관리 및 노인용품으로만 분류된다.

🔒 정답

01. (○) – 기초연금도 있음.
02. (○)
03. (×) – 생애 초기 및 생애 말기
04. (×) – 현재소득에 비해서 크게 나타난다고 봄.
05. (○)
06. (○)
07. (×) – 금융도 포함됨.

08. 고령층을 대상으로 하는 금융서비스 업무에는 노후준비 부가서비스나 노후자산관리 상담, 노후자산 포트폴리오 구축 등으로 구분할 수 있다.

09. 실버경제의 규모는 고령화 인구가 진전될수록 더욱 커질 것으로 예측한다.

10. 은퇴 후 안정적인 노후 생활유지에 필요한 자금을 마련하는 방법은 매년 정기적으로 연금 급부금이 지급되는 개인연금·퇴직연금 등의 연금, 이자가 지급되는 은행 예·적금, 투자이익·배당이익이 지급되는 신탁 · 주식 · 실적 배당형 펀드 등의 금융상품을 이용하여 조달할 수 있다.

 정답

08. (○)
09. (○)
10. (○)

예시문제-빈칸 채우기

01. 연금과 저축제도는 은퇴 이후 소득이 줄어든 환경에서 (   )가 가능하게 하는 기능이 있다.

02. 행동학적 생애주기가설에서 고려하는 3가지 주요 개념은 자기통제, (   ), (   )으로 구분한다.

03. 실버경제 규모가 세계 1위는 나라는 (   ), 노인인구 비율이 가장 높은 나라는 (   ), 고령화 속도가 가장 빠른 나라는 (   )이다.

04. 일본의 베이비 부머 세대를 (   )세대라 한다.

05. 실버 금융서비스에는 (   ), 노후자산관리 상담 및 (   ) 분야로 나눌 수 있다.

예시문제-논술형

01. 연금제도의 필요성과 이점에 대해서 설명하시오.
02. 모딜리니아 등의 생애주기가설과 셰프린과 탈러의 행동학적 생애주기가설을 비교 설명하시오.
03. 노인에 대한 정의 및 기준을 설명하시오.
04. 실버경제의 유형과 분류에 대해 기술하시오.
05. 실버금융이 다른 실버산업과 차별화 되는 특징에 대해 설명하시오.

정답
01. (소비평탄화)
02. (심리계정 – mental accounting), (프레이밍 – framing)
03. (미국), (일본), (대한민국)
04. (단카이)
05. (노후자산포트폴리오), (노후준비부가서비스)

MEMO

학습개요

연금재원의 조달과 함께 조달한 자금의 자산운용에 대해 학습한다.

학습목표

연금 재원조달 방식을 이해한다.
연기금 자산운용의 원칙과 프로세스를 설명할 수 있다.
목표수익률, 허용위험한도를 고려한 자산배분정책에 대해 설명할 수 있다.
ESG 각 항목 별 세부 사례 및 ESG 투자전략을 설명할 수 있다.
개인의 연금자산운용 시 고려할 주요 요소들을 설명할 수 있다.

연금재원 조달 및 자산 운용

01 연금재원 조달방식[1]

연금재정방식이란 향후에 발생할 급여지출에 대비하여 필요한 재원을 합리적으로 조달하는 방식을 말한다. 즉, 연금에서 약정한 급여를 지급하기 위해 언제 그리고 얼마만큼 부담금을 산정하여야 하는지를 합리적으로 결정하는 재원조달방법이다.

이러한 재정방식은 크게 부과방식과 적립방식으로 구분되며, 각각은 완전 방식과 수정(또는 부분) 방식으로 분류된다.

그림 6-1 **연금재원 조달의 분류**

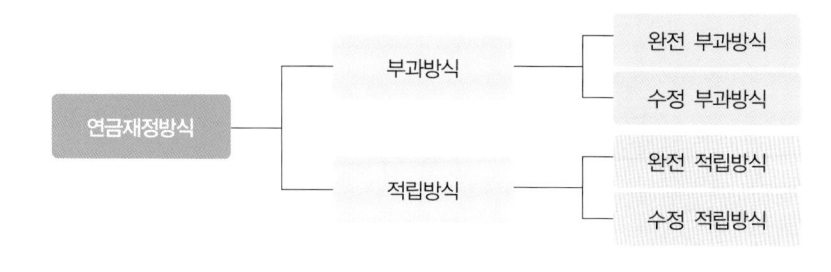

1. 부과방식

부과방식이란 가입자 세대가 가입시점으로부터 보험료로 납부한 금액을 현재 노령세대에게 연금급여로 지급하고 본인들의 노후보장은 미래 경제활동 계층이 부담하는 보험료로 재원이 충당되도록 하는 재정방식이다. 이는 세대간 이전 형태로 볼 수 있으며 주로 유럽 국가들의 공적연금에서 활용되고 있다.

---

1) 최신연금수리학(성주호, 2016)에서 발췌

 그림 6-2 **부과방식 흐름도**

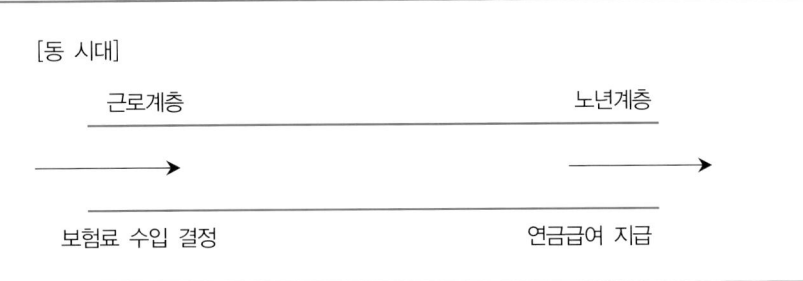

이러한 부과방식은 완전부과방식과 수정(부분)부과방식으로 구분할 수 있는데, 완전부과방식은 당해연도의 급여 지출액은 당해연도 수입으로 모두 충당하는 재정방식으로서 유동성 기금을 제외한 적립 자산은 없으며, 개인별 수지상등 원칙보다 세대내 및 세대간 연대성이 강조되고 연금제도의 연속성이 보장되는 공적연금제도에서 주로 활용된다.

수정(부분)부과방식은 완전부과방식에 가깝지만 향후 인구 및 경제환경 변화에 능동적으로 대처하기 위해 예비기금을 별도로 적립하는 재정방식이다. 이는 연금채무에 대비한 일정수준의 적립금을 확보하는 수정적립방식과는 차이가 있으며 단지 보험료의 급격한 상승 요인을 사전에 방지하기 위해 일정 수준의 예비기금을 조성하는 목적일뿐 큰 틀은 당해연도의 급여를 당해연도 수입으로 조달하는 부과방식인 것이다.

2. 적립방식

적립방식이란 가입자 세대가 가입시점으로부터 보험료로 납부한 금액과 기금(적립금)에서 발생한 수익금을 합한 총액을 적립했다가 적립금액 모두 미래에 그 가입자 세대가 수급하게 되는 재정방식이다. 이는 세대내 이전 형태로 볼 수 있으며 주로 사적연금에서 활용되고 있다.

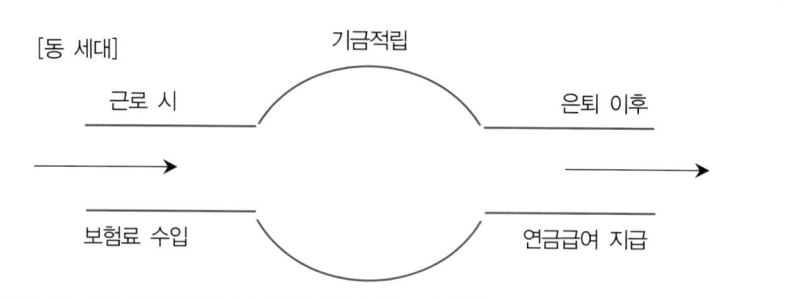

그림 6-3 적립방식 흐름도

이러한 적립방식은 완전적립방식과 수정(부분)적립방식으로 구분할 수 있는데, 완전적립방식은 매 평가시점 마다 약정한 급여(향후 지급해야 할 연금 총액)에 해당하는 연기금 자산(적립금 평가액)을 100% 사전에 적립하는 것을 원칙으로 하는 재정방식이다. 즉, 항시적으로 적립비율 100%를 적립목표로 하며 가입자별 수지상등의 원칙을 적용하는 사적연금제도에서 주로 활용된다.

수정(부분)적립방식은 적립비율 100%를 목표로 하지 않지만 일정수준 이상의 적립비율을 유지하는 것을 원칙으로 하는 재정방식이다. 우리나라 국민연금처럼 유동성 기금 차원을 벗어난 상당수준의 연기금자산을 별도로 적립하는 경우에 해당되며, 제도가 성숙해짐에 따라 적립비율이 상승되어 완전적립방식으로 수렴할 수도 있고, 반대로 적립기금이 소진되어 부과방식으로 수렴될 수도 있다.

02 연금자산 운용

자산운용이란 투자자의 재무적 목표 달성을 위하여 다양한 투자 포트폴리오를 구성하고 이를 효과적으로 관리하고 운용하는 과정을 말한다.

이는 투자자의 목표 설정, 주식, 채권, 부동산, 예금 등 다양한 자산군에 투자할 비중을 결정하는 자산배분, 자산배분에 따라 선택된 자산군 내에서 구체적으로 어떤 종목에 투자할 것인가를 결정하는 포트폴리오 구성, 포트폴리오의 기대수익률과 위험분석, 자산배분 및 포트폴리오 재조정, 성과 측정 및 평가, 위험 관리 등 투자의 계획, 실행, 평가를 포괄적으로 포함하는 개념이다.

연금자산운용에서 투자자의 재무적 목표는 미래의 연금 급여가 된다. 특히 적립방식의 연금제도에서는 자산운용의 기능이 더욱 중요하다. 자산운용의 결과가 연금 급여의 지급과 연금 기여금의 결정에 직접적인 영향을 미치기 때문이다.

연금 자산의 운용은 자산 운용의 주체에 따라 연기금자산운용과 개인의 연금자산운용으로 나눌 수 있다. 연기금자산운용은 전문 투자 기관이 수급자인 개인을 대신하여 연금자산을 대규모로 통합하여 운용하는 방식이다. 정부가 책임지고 연금 수급자인 국민들을 대신하여 공동의 기금을 운용해주는 공적연금이 대표적인 연기금자산운용 방식이다. 개인의 연금자산운용은 개인이 자신만의 계좌를 가지며, 투자 방식을 자신이 선택할 수 있고 투자에 대한 리스크와 책임도 스스로 책임지게 된다. DC형 퇴직연금제도, 개인형 퇴직연금제도, 개인연금 등을 예로 들 수 있다.

1. 연기금자산운용

특정한 사업 자금을 마련하기 위해 정부, 공공기관, 비영리단체 등이 조성한 자금을 기금이라고 한다. 연금기금(pension fund), 국부펀드(sovereign wealth fund), 기부기금(endowment fund) 등이 있으며, 투자은행, 보험회사, 자산운용사 등과 함께 자본시장에서 큰 영향력과 역할을 담당하고 있다.[1]

---

[1] Willis Tower Watson에서 발표한 Global Pension Asset Study 2022에 의하면, 전 세계적으로 운용되고 있는 연기금 자산 규모는 약 60.6조 달러, 국부펀드 자산 규모는 약 9.6

연금제도에 의해 연금 지급을 위해 모아진 기금을 연금기금이라고 하며 줄여서 연기금이라고 한다. 연기금은 다양한 규모와 목적을 가지며, 국가, 공공기관, 기업, 노동조합 등 다양한 조직들이 운영하고 있다. 일본의 공적연금인 Government Pension Investment Fund(GPIF), 노르웨이의 Government Pension Fund Global(GPFG), 한국의 공적연금인 국민연금기금이 자산 규모 측면에서 세계 3대 연기금이다. 국민연금기금을 포함하여 공무원연금기금, 사립학교교직원연금기금, 군인연금기금 등의 공적연금이 한국의 대표적인 연기금이다. 공적연금 이외에도 사회보험성 기금인 고용보험기금, 산업재해보상 보험 및 예방기금, 사업성기금인 주택도시기금, 금융성 기금으로 기술보증기금, 신용보증기금 등 공공기관이 조성한 다양한 공공기금이 있다.

국부펀드는 외환보유고나 천연자원에서 얻은 수익 등 자국의 외환 수입을 관리하고 투자하기 위해 설립되고 운영되는 국가적 차원의 자금운

표 6-1 **글로벌 연기금 자산 규모**

순 위	연기금명	국 가	자산규모 (십억 달러)
1	Government Pension Investment Fund(GPIF)	일본	$1,731
2	Government Pension Fund Global(GPFG)	노르웨이	$1.437
3	National Pension	한국	$798
4	Federal Retirement Thrift	미국	$774
5	ABP	네덜란드	$630
6	California Public Employees(CalPERS)	미국	$497
7	Canada Pension(CPPI)	캐나다	$427
8	National Social Security	중국	$407
9	Central Provident Fund(CPF)	싱가포르	$375
10	PFZW	네덜란드	$315

자료: Thinking Ahead Institute, Willis Tower Watson, Global Pension Asset Study 2022.

조 달러, 기부기금 자산 규모는 약 1.5조 달러이다.

용기관이다. 주로 미래세대를 위한 부를 축적하거나 국가 수입원의 고갈, 해당 재원의 가격 리스크 대비를 목적으로 운용된다. 국부펀드는 원유, 천연가스 등 상품수출을 기반으로 재원을 두고 있는 상품 펀드와 외환보유액, 민영화 수익 등을 재원으로 하는 비상품 펀드로 나누어진다. 노르웨이의 Government Pension Fund Global(GPFG)는 세계에서 가장 규모가 큰 국부펀드로 노르웨이 정부가 국가의 석유 수입에서 나오는 수익을 모아 만든 펀드이다. GPFG는 국가 재정 안정성을 향상시키고 미래세대에 대한 연금 지급을 위한 목적으로 만들어진 국부펀드이자 연금기금이다. 한국투자공사(KIC), 아부다비 투자청(ADIA), 중국투자공사(CIC), 싱가포르 투자청(GIC) 등이 대표적인 국부펀드이다.

기부기금은 대학, 종교단체, 병원, 비영리 자선단체 등이 자금을 모아, 그 이익을 조직의 운영 및 프로젝트의 지원에 사용할 목적으로 자산을 운용한다. 기부기금은 장기적인 지원을 위해 설립되며, 일반적으로 영구적인 존속을 목적으로 원금은 보존하면서 이익만을 사용한다. 각 대학의 발전기금이 대표적인 기부기금이다. 대학 발전기금은 장학금, 연구지원 등 미래의 안정적인 비용을 확보하는 것이 목적이 되며 그 투자 기간도 영구적이라고 할 수 있다.

1) 자산운용의 원칙

수익성, 안정성, 유동성을 투자의 3가지 요소라고 한다. 수익성은 투자를 통해서 얻을 수 있는 이익을 나타내는 것으로 투자로부터 얼마나 수익을 창출할 수 있는지를 의미한다. 안정성은 자산의 가격 또는 가치의 변동성과 관련이 있으며, 안정성이 높은 자산은 가격 또는 가치의 변동성이 상대적으로 적다. 이는 투자 수익률이 큰 변동이 없이 예측 가능한 것을 의미한다. 유동성이란 필요한 시점에 자산을 팔아서 현금화가 가능한 것인지를 측정하는 것으로 자산을 현금화하는 시간과 노력으로 평가된다. 문제는 3가지 요소를 모두 갖춘 투자 대상은 없다는 것이다.

예를 들어, 예금은 안정성은 높지만 수익성은 낮고, 주식은 수익성은 높지만 안정성은 낮다. 부동산은 수익성은 높은 자산일 수 있지만 유동성 면에서는 치명적일 수 있다. 그래서 투자 대상을 선택할 때는 서로 상충되는 관계에 있기 쉬운 수익성, 안정성, 유동성의 세 가지 요소를 적절하게 고려해야 한다. 이 외에 연기금 자산 운용에 요구되는 원칙으로 공공성, 독립성, 투명성, 비용 효율성이 있다.

그림 6-4　**자산운용의 원칙**

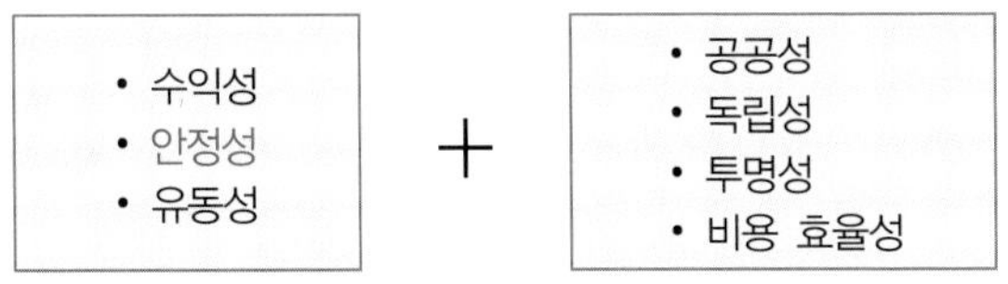

　　수익성의 원칙은 가능한 높은 수익을 추구하는 것이다. 세대 간 재분배 기능을 가지고 있는 공적 연기금의 경우 수익성 추구를 통해 미래세대의 부담을 완화할 수 있다. 연기금의 자산운용은 수익성도 중요하지만 장기적 안정성이 중요하다. 이를 위해 투자하는 자산의 전체 수익률 변동성과 손실위험이 허용되는 범위 안에 있도록 운용하여야 한다. 수익성과 안정성 추구를 통해 가입자의 보험료 부담과 연금 급여 지급을 위한 적립 비율을 적정수준으로 유지할 수 있다. 수익성, 안전성과 함께 연금 급여를 원활하게 지급하기 위하여 적정한 유동성을 보유하여야 한다. 특히 자본시장에서 차지하는 비중을 매우 큰 대형 연기금의 경우 적정한 유동성 관리를 통해 투자한 자산의 매도에 따른 금융시장 충격이 최소화되도록 하여야 한다.

　　공공성의 원칙은 국가 경제 및 금융 시장에 미치는 파급효과를 고려하여 사회 전체의 공동 이익이 되는 방향으로 투자하여야 한다는 것이다. 연기금은 기본적으로 공공성을 가지고 있으며, 다양한 이해 관계자가 존재한다. 특히 공적 연기금의 경우 모든 국민이 이해 당사가가 될 수 있으며, 세대 간의 분담 문제도 발생하게 된다. 독립성 원칙은 기금의 자산운용 원칙이 다른 정치적, 정책적 목적에 의해 훼손되어서는 안 된다는 것이다. 연기금의 독립성을 확보하기 위해 다양한 전문가들을 의사결정 기구에 참가시키고 있다. 또한 주주권을 행사하는 데 있어서도 의결권 행사 지침을 마련하고 외부 전문기관에 의결권 행사를 위임하기도 한다. 투명성 원칙은 자산을 투명하게 관리하고 자산운용의 과정, 자산운용의 성과 및 리스크, 투자 의사 결정 과정 등을 이해관계자들에게 투명하게 정보를 제공하는 것이다. 투명성 원칙의 준수를 통해 신뢰를 구축하고 책임감 있는 자산운용을 수행할 수 있다. 마지막으로 비용 효율성 원칙이다. 연금 기금은 운용 및 관리 비용을 효율적으로 운영하여야 한다. 높은 운용 비용은 투자 수익률을 저해할 수 있기 때문에 효율적 비용 관리는 연기금 자산운용의 중요한 원칙 중 하나이다.

2) 자산운용 프로세스

자산운용은 투자의 계획, 실행, 평가를 포괄적으로 포함하는 개념으로 다음과 같은 프로세스로 구성된다.

첫째, 자산운용체계 구축 단계이다. 연기금의 설치 목적에 부합하는 운용 방향 마련을 위하여 자산운용의 목적과 원칙 등을 수립하며, 자산운용 관련 조직과 인원의 책임과 업무를 설정한다.

그림 6-5 **자산운용 프로세스**

둘째, 자산운용 정책수립 단계이다. 이 단계에서는 미래의 현금흐름을 예측하여 자금을 운용 가능한 기간별로 구분하고 적정 유동성 규모를 추정한다. 금융시장 환경 등을 바탕으로 목표수익률과 허용위험한도를 설정하고, 자산 별 기대수익률과 위험, 자산 간 상관관계 등 다양한 자본시장과 관련한 가정하에서 자산군별 자산배분 비중을 결정하게 된다.

셋째, 자산운용 집행 단계이다. 자산운용 전문가에 의해 실제 투자가 집행되는 단계로 자산군 내에서 구체적으로 어떤 자산을 투자할지를 결정하고 선택한 자산을 투자하게 된다. 이 단계에서 투자의 타이밍, 가격, 거래 전략들이 고려된다. 자산운용 집행은 운용 주체에 따라 직접운용과 위탁운용으로 구분할 수 있다. 직접운용은 연기금의 내부 인력이 자산을 운용하는 형태이며, 자체적으로 전문적인 투자 운용 인력을 구성하고 관리하여야 한다. 위탁운용은 외부 전문 투자기관에 자산운용을 위탁하는 형태이다. 직접운용과 위탁운용 모두 장단점이 있으며, 운용목적, 규모, 비용, 내부 인력의 전문성 등을 고려하여 직접운용과 위탁운용 중 한 가지 형태를 선택할 수 있으며, 두 가지를 절충하여 사용할 수도 있다.

넷째, 모니터링 및 성과평가 단계이다. 자산운용 정책수립 단계에서 수립된 운용전략이 제대로 집행되고 있는지 지속적으로 모니터링하고 운용성과를 평가한다. 성과평가란 단순히 수익률과 위험만을 측정하는 것이 아니라 투자 과정 전체를 진단함으로써 자산운용의 개선과 발전을 유도하는 목적을 가진다.

3) 자산배분

자산배분이란 운용자산을 예금, 주식, 채권, 부동산, 예금 등 기대수익과 위험 수준이 서로 다른 개별 자산군으로 배분하는 과정이다. 연기금의 자산배분 목적은 서로 성격이 다른 개별 자산군에 분산투자하여 허용위험 한도 내에서 장기적으로 가장 높은 수익률을 달성하는 것이다. 어떤 투자 대상 자산군을 선택하여 자산을 배분하고 그 배분 비율을 어떻게 유지하고 변경할지를 결정하는 자산배분이 연기금 자산운용 성과를 결정하는 가장 중요한 요인이다.

자산배분은 전략적 자산배분과 전술적 자산배분으로 나눌 수 있다. 전략적 자산배분은 거시적 관점에서 중장기 투자 목적을 달성하기 위한 목적으로 자산배분 모형을 통해 목표수익률, 허용위험한도와 시장상황을 고려하여 자산군별 최적자산배분안을 도출하는 과정이다. 전술적 자산배분은 미시적 관점에서 변화하는 시장에 대응하기 위해 전략적 자산배분으로부터 주어진 범위 안에서 중단기적으로 자산 배분을 조정하는 것이다.

연기금의 자산 배분은 목표수익률과 허용위험한도를 설정하는 것으로부터 시작한다. 목표수익률은 연기금의 목적 및 성격을 반영하여 사전적으로 설정하는 목표치로서 자산배분을 통해 달성해야 할 요구수익률의 개념이다. 목표수익률은 실현 가능한 수준으로 설정되어야 하며 합리적인 산출 근거가 있어야 한다. 일반적으로 사용하는 목표수익률을 예로 들면 다음과 같다.

- 실질경제성장율 + 예상물가상승율
- 예상물가상승률 + α(목표초과수익률)
- 특정 대표자산의 예상 수익률 + α(목표초과수익률)

물가상승율은 연기금 자산운용에서 고려해야 할 가장 중요한 경제 변수다. 일반적으로 연기금의 목표수익률이 예상물가상승률과 연계되어 설정되는 이유는 최소한 구매력 유지를 목표로 하기 때문이다. 10년 만기 국채수익률 + α, 1년 만기 정기예금수익률 수익률 + α와 같이 특정대표자산의 예상수익률에 목표초과수익률을 더하여 목표수익률을 설정하기도 한다.

미래에 지급해야할 연금 급여는 연기금의 부채가 되며 연기금의 자산운용은 부채를 고려하여 운용되어야 한다. 이를 자산부채종합관리(ALM)라고 한다. 미래의 연금 급여 지급을 위한 부채가 존재한다는 연기금의 특성상 목표수익률을 ALM 관점에서 설정하기도 한다. 연기금의 ALM은 부채 즉, 향후 발생하게 될 연금 급여에 대한 현금 흐름을 파악함으로서 미래에 잉여금이나 부족분이 발생하지 않도록 사전에 대처하는 전략이다. 먼저 금리, 물가상승률 등 외생 변수 변동이 자산과 부채에 미치는 요인들을 분석하고 자산과 부채간의 상관관계를 고려하여 미래에 예상되는 잉여금이나 부족분을 산출한다. 이후 적정 적립비율을 유지하기 위한 요구수익률을 산출해 목표수익률로 설정한다.

허용위험한도는 자산운용과정에서 발생할 수 있는 수익률 감소 또는 손실에 대한 수용 가능한 정도를 말한다. 미래의 위험을 정확히 예측하는 것은 불가능한 일이므로 적정한 통계적 기준에 따라 위험한도를 산출하여 관리하며 자산배분안 도출 시 제약조건으로 사용된다. 목표수익률과 같이 각 연기금의 특징에 따라 위험한도가 달리 설정될 수 있으나, 일반적으로 연기금이 사용하고 있는 허용위험한도 지표를 예로 들면 다음과 같다.

- 미달위험(shortfall risk)
- 기대극단손실(CVaR: conditional value at risk)
- 최저적립금 비율

미달위험이란 전체 자산 또는 개별 자산군의 누적운용수익률이 기준이 되는 일정 수익률을 초과하지 못하는 가능성을 의미한다. 기준이 되는 수익률은 0%, 물가상승률, 임금상승률, 목표수익률 등으로 정할 수 있으며, 안정성을 강조하는 연기금일수록 미달위험의 수준을 낮게 설정하게 된다. 기대극단손실(CVaR: Conditional Value at Risk)은 통계적으로 분석하여 산출한 자산가치의 최대손실을 의미하는 VaR[2] 이상의 시나리오

---

2) VaR는 자산의 변동성을 통계적으로 분석하여 산출한 자산가치의 최대 손실을 의미한다. 최대 손실은 신뢰수준에 따라 차이가 있다. 예를 들어 보유한 주식의 VaR가 99% 신뢰수준에서 100억이라면 주가의 변동으로 인해 100억 초과의 손실이 발생할 확률이 1%라는 것을 의미한다. VaR는 이해하기 쉽고 확률 모형을 활용한다는 장점이 있지만 극단적인 손실이 발생할 경우 최대손실을 과소평가하는 측면이 있어 이를 보완해서 나온 위험지

분포를 평균하여 계산된다. 기대극단손실은 극단적 손실 발생 리스크를 측정하는 지표로 신뢰수준을 넘어가는 극단적인 손실을 반영하기 때문에 손실 발생의 심각성을 고려할 수 있다는 장점이 있다. 부채를 고려한 허용위험한도 지표로 최저적립금비율이 있다. 최저적립금비율은 일정 확률 수준에서 일정 기간 후 발생할 수 있는 최저 적립금을 적립금의 기댓값인 평균적립금으로 나누어 산출한 값이다.

연기금에서 가장 일반적으로 사용되는 전략적 자산배분 모형으로 마코위츠의 평균-분산 모형이 있다. 마코위츠의 평균-분산 모형은 자산배분을 위한 투자 대상 자산들의 투자가치를 기대수익과 위험 2가지 요인으로 평가한다. 기대수익과 위험은 미래 발생 가능한 예상수익률과 그 상황이 발생할 확률을 추정하여 계량적으로 측정한다. 미래의 수익률을 정확히 예상하기는 매우 어려우므로 투자 자산들의 과거 평균수익률을 기대수익률의 대용 변수로 사용하는 것이 일반적이다. 투자 위험은 투자수익의 변동성, 즉 기대한 투자수익이 실현되지 않을 가능성을 의미한다. 투자 위험을 계량적으로 측정하는 여러 가지 방법이 있지만, 가장 일반적으로 사용되는 지표는 분산과 표준편차다. 분산과 표준편차는 수익률의 변동성을 나타내는 지표로 발생 가능한 수익률이 평균 수익률에서 얼마나 벗어나면서 움직였는지를 나타낸다. 분산은 발생 가능한 수익률과 평균수익률의 차이를 제곱한 값들의 평균으로 정의되며, 표준편차는 분산의 제곱근 값이다. 평균-분산모형은 자산의 기대수익률과 위험은 비례한다는 단순한 가정에서 벗어나 서로 다른 자산들 간에 발생하는 수익률의 상관관계에 따라 포트폴리오 전체의 위험을 낮추고 투자의 효율성을 극대화할 수 있는 자산배분을 제시한다. 자산 간의 상관계수가 낮을 경우 개별자산의 위험은 서로 상쇄되어 포트폴리오의 위험은 크게 감소하게 된다. 상관관계가 낮은 자산들로 포트폴리오를 구성하면 위험 감소효과를 크게 누릴 수 있다.

표가 기대극단손실(CVaR)이다.

한국의 국민연금기금의 전략적자산배분 과정을 예로 살펴보면 다음과 같다. 국민연금은 실물경제, 금융시장 등에 대한 중기전망을 고려하여, 5년 후의 목표수익률과 위험한도를 설정하고 이를 달성하기 위한 자산군별 전략적 자산배분 비중을 결정한다.

📊 표 6-2　**국민연금기금의 전략적 자산배분**

목표수익률	실질경제성장률＋소비자물가상승률±조정치
위험한도	5% 확률에서 기대극단손실을 15% 이내로 통제
2023년 전략적 자산배분(안)	국내주식 15.9%, 해외주식 30.3%, 국내채권 32.0%, 해외채권 8.0%, 대체투자 13.8%(사모투자 4.8%, 부동산 4.9%, 인프라 3.4%, 헤지펀드 0.7%)
2023년 전략적 자산배분(안) 특성치	기대수익률 5.1%, 수익률의 표준편차 7.5%, 연간 운용 수익률이 (−)일 확률 24.9%

자료: 국민연금기금운용지침(2022), 2023년도 국민연금기금운용계획(안).

5) ESG 투자

ESG는 환경(environment), 사회(social), 지배구조(governance)의 영문 첫 글자를 조합하여 만들어진 단어로 기업의 지속적인 성장과 생존에 직결되는 핵심 요소이다. ESG는 기업의 경영 및 비즈니스 관행을 평가하고 측정하는 목적으로도 활용된다. ESG를 구성하는 주요 세부 요소들은 〈표 6-3〉과 같다.

ESG 투자는 술, 담배, 무기 제조 등 특정 산업이나 기업을 투자에서 배제하는 윤리적·종교적 동기에서 출발하였다. 과거에는 얼마를 투자하여 얼마의 매출액과 이익을 달성했는가를 중심으로 하는 재무적인 지표만을 가지고 투자 대상 기업을 선정했다. 최근에는 지구온난화, 기후변화, 환경오염, 인권, 기업비리, 등 기업이 사회에 미치는 영향력이 확대되면서 기업의 실질적인 가치평가에 있어서 ESG와 같은 비재무적인 지표가 중요하다는 인식이 확대되고 있다.

ESG 투자란 재무적 지표만을 고려하여 투자 대상 기업을 선정하는

📊 표 6-3   ESG 구성 요소

환경(E)	사회(S)	지배구조(G)
기후변화와 탄소배출	소비자보호	이사회 구성
환경오염 · 환경규제	데이터 및 개인정보 보호	감사 위원회 구성
생태계	인권	뇌물 및 반부패
자원 관리	성별 평등 및 다양성	로비 및 정치기부
폐기물 관리	지역사회와의 협력	기업윤리
에너지 효율	공정거래	컴플라이언스
	근로자 안전	

기존의 투자 방식에서 탈피하여 비재무적 요소인 ESG를 고려한 투자 전략이다. ESG 투자는 외부 효과(externality)와 밀접한 관련이 있다. 외부효과란 어떤 사람이나 기업의 행동이 제3자에게 의도하지 않은 혜택이나 손해를 가져다주면서 보상을 받거나 손해에 배상을 지불하지 않는 현상을 말한다. 외부효과는 부정적 외부효과(negative externality)와 긍정적 외부효과(positive externality)로 구분할 수 있다. 부정적 외부효과를 보여주는 사례로는 기업의 생산과정에서 발생하는 오염물질로 인한 환경 오염, 자동차 배기가스로 인한 대기 오염, 자연자원의 남용으로 인한 자원 고갈 등이 있다. 긍정적 외부효과(positive externality)의 사례로는 대학이나 연구소의 기초연구를 들 수 있다. 기초연구는 사회적으로 많은 기여를 하지만 기여한 만큼 충분한 보상을 받지 못한다. 교육도 긍정적 외부효과 사례에 해당한다. 교육을 통해 일할 수 있는 인재가 양성되지만 혜택을 입는 기업이 교육에 대해 직접적으로 지원해야 할 의무는 없다. 외부효과는 단기적으로는 기업의 재무적 지표에 영향을 주지 않지만 장기적으로는 기업의 재무적 리스크로 투자자의 수익에 영향을 미칠 수 있다. ESG 투자는 기업이 외부효과를 관리하는 능력을 평가하고 외부효과가 기업의 재무성과에 미치는 영향을 고려하여 투자 결정을 내리게 된다.

책임투자(responsible investment), 사회책임투자(social responsible investment), 지속가능투자(sustainable investment), 윤리적 투자(ethical investment),

임팩트투자(impact investment) 등의 용어는 목적과 활동 내역, 투자 전략 등에서 일부 차이가 있으나 일반적으로 ESG 투자와 혼용되어 사용되고 있는 용어다.

2006년 UN이 발표한 책임투자원칙(PRI: principles for responsible invest-ment)을 계기로 ESG 투자가 사회운동 차원을 넘어 투자전략으로 발전하게 되었다. 이후 연기금을 중심으로 한 전 세계의 주요 기관투자가들이 PRI에 대한 서명과 함께 도입을 선언하였다. PRI는 서명기관에 강제가 아닌 자발적인 준수를 요구하고 있다.

UN PRI는 6개 원칙과 33개 세부 실천프로그램으로 구성되어 있다. 6개 원칙은 〈표 6-4〉와 같으며, 투자분석 및 의사결정 시 ESG이슈 반영, 투자 대상 기업에 대한 ESG 관련 정보공개 요구, PRI의 충실한 이행 등으로 구분할 수 있다.

표 6-4　The Six Principles for Responsible Investment

- Principle 1: We will incorporate ESG issues into investment analysis and decision—making processes.(투자 분석과 의사결정 과정에 ESG 반영)
- Principle 2: We will be active owners and incorporate ESG issues into our ownership policies and practices.(투자 철학 및 운용 원칙에 ESG 반영)
- Principle 3: We will seek appropriate disclosure on ESG issues by the entities in which we invest.(투자 대상 기업에 ESG에 대한 정보공개 요구)
- Principle 4: We will promote acceptance and implementation of the principles within the investment industry.(PRI 준수와 이행을 위해 노력)
- Principle 5: We will work together to enhance our effectiveness in implementing the principles.(PRI 효과 증진을 위한 상호 협력)
- Principle 6: We will each report on our activities and progress towards implementing the principles.(PRI 이행에 대한 세부활동과 진행사항 공개)

자료: UN PRI 홈페이지(https://www.unpri.org/).

연기금 등 장기기관투자자들이 주로 활용하고 있는 ESG 투자전략은 다음과 같다.

📊 표 6-5   ESG 투자전략

구 분	내 용
포지티브 스크리닝(Best-in-class)	우수한 ESG 성과를 보이는 산업/기업에 선별 투자
네거티브 스크리닝	ESG 기준을 충족하지 못하는 산업/기업에 대한 투자 배제
ESG 통합(ESG integration)	전통적인 재무분석 프로세스에 ESG 요소 융합
지속가능 테마투자	지속가능성에 연관된 산업/기업이나 프로젝트에 투자
임팩트 투자	사회, 환경문제의 효과적 해결을 목표로 투자
경영관여/주주행동	주주권을 활용하여 적극적인 영향력을 행사함으로써 기업 의 ESG 요소를 향상

　포지티브 스크리닝은 우수한 ESG 성과를 보이는 기업을 선별하여 투자하는 전략이다. ESG 등급 또는 기준에 근거해 ESG 평가를 우수하게 받은 기업에 투자한다. 반면, 네거티브 스크리닝은 특정 기준을 충족하지 못하는 기업을 투자에서 배제하는 방식이다. 예를 들어 담배, 무기 또는 화석 연료와 같이 사회나 환경에 부정적인 영향을 미치는 것으로 인식되는 기업이나 산업에 대한 투자를 배제하는 방식이다. ESG 통합전략은 재무적 요소와 함께 ESG 요소를 고려하는 전략으로 전통적인 재무분석 프로세스에 ESG 요소들을 종합적, 체계적으로 융합시키는 투자 방식이다. 지속가능테마 투자는 지속가능성 테마와 연관된 기업이나 자산, 프로젝트 등에 투자하는 전략이다. 태양광, 풍력 발전 등 대체에너지, 녹색기술 등에 투자를 예로 들 수 있다. 임팩트 투자는 투자를 통해 재무적 이익을 창출하는 동시에 경제성장 과정에서 발생한 사회, 환경문제를 효과적으로 해결하는 것을 목표로 한다. 마지막으로 주주행동주의 전략은 경영관여(engagement), 적극적 주주활동 등을 통해 ESG 요인을 적극적으로 개선하기 위한 투자 방식이다.

　ESG 투자의 도입 초기에는 ESG 투자가 비록 사회 공동체적 목표에는 부합하지만 수익률 극대화를 추구하는 연기금의 수탁자 책임에 위반

된다는 시각을 가지고 있었다. 최근에는 ESG 투자를 바라보는 연기금의 시각이 평판 위험의 회피와 같은 소극적인 대응이 아니라 지속가능 관점에서 장기수익률 제고를 위한 실질적인 요인으로 변화되고 있다. ESG 투자는 장기적 수익 추구와 함께 기업 행동이 사회에 이익이 되도록 영향을 줄 수 있다는 장점을 가지고 있다. ESG 이슈를 적극적으로 관리하는 기업의 재무성과가 장기적으로 우수한 성과를 보인다는 연구 결과를 바탕으로 ESG 투자가 확산되는 추세를 보이고 있다. 특히 장기적이고 안정적인 수익 증대를 목표로하는 연기금 등 장기기관 투자가를 중심으로 ESG 투자가 확대되고 있다. 한국의 경우 공적연금인 국민연금기금을 중심으로 ESG 투자 활성화에 대한 노력이 지속되고 있다. 국민연금은 2009년 6월 UN PRI에 서명하며 기금운용지침에 책임투자원칙을 마련하였다. 국민연금의 책임투자 원칙은 ESG 투자는 사회적인 측면의 보완적인 활동이 아닌 장기적인 관점에서 안정적이고 지속가능한 수익을 추구한다는 점을 명시하고 있다.

2. 개인의 연금자산 운용

전문 투자 기관이 연금자산을 통합하여 운용하는 연기금자산운용과는 달리 개인의 연금자산 운용은 자산 운용의 전반적인 프로세스가 모두 개인의 책임하에 이루어진다. 결국 개인의 의사 결정이 노후 자산에 직접적인 영향을 미치게 되며, 은퇴 이후의 적절한 노후소득 보장을 위해서도 매우 중요한 역할은 한다. 최근에는 DB형 제도 후원자인 국가 또는 기업이 연기금 자산운용에서 발생하는 리스크를 가입자 개인에게 전가하기 위한 목적으로 DB형 연금제도를 DC형 연금제도로 전환하는 추세를 보이고 있다. 이러한 추세는 지속적으로 확대될 것으로 보이며, 향후 개인의 연금자산운용에 대한 관심과 중요성은 더욱 확대될 것이다.

1) 개인의 연금자산 운용 전략

개인의 연금자산운용도 기금 운용과 같이 본인에게 적합한 수준의 목표수익률과 위험감내수준을 사전에 설정하고 이를 바탕으로 한 투자 전략의 수립이 필요하다. 개인의 연금 자산운용에서 고려되어야 할 주요 요인들은 다음과 같다.

첫째, 인플레이션에 대한 헤지다. 기본적으로 인플레이션에 따른 구매력 하락을 방어할 정도의 수익이 확보되어야 하다. 연금 자산운용은 투자 기간이 길면서 신규 자금의 투자가 정기적으로 이루어지는 장기성 자금의 특징을 가진다. 일반적으로 위험자산에 장기 투자 시 기대되는 수익률은 안전 자산의 수익률보다 높으므로 위험자산에 대한 분산투자를 통해 인플레이션 리스크에 대처하는 자산운용 전략이 필요하다. 채권은 금리 및 인플레이션과 음의 상관관계를, 주식은 장기적으로 인플레이션과 양의 상관 관계를 가진다고 알려져 있다. 원자재나 부동산 같은 실물자산도 인플레이션 헤지 효과가 있다. 물가연동채권 역시 소비자물가지수가 상승하면 이와 연동된 원리금이 증가해 인플레이션 헤지 기능을 제공한다.

둘째, 글로벌 금융위기, 팬데믹과 같이 경제 환경이 악화되더라도 노후 소득을 일정 수준 이상 유지할 수 있는 안정적인 투자 전략이 필요하다. 분산투자를 통해 포트폴리오를 다양화하고 투자 목표에 따라 안전자산의 투자 비중과 리스크 허용 수준을 조절해야 한다. 시장의 단기적 변동에 대한 감정 통제와 패닉 셀링을 피하고 장기적인 투자 전략을 일괄되게 유지하는 것도 중요하다.

셋째, 비상여유자금의 확보다. 수술이나 장기간병 등 갑작스럽게 목돈이 필요할 때를 대비하여야 한다. 일정 수준의 여유자금의 확보는 경제 환경이 악화되는 경우에도 장기 투자를 위한 심리적인 안정감을 줄수 있다.

넷째, 장수 리스크에 대비 하여야 한다. 장수 리스크란 예상보다 오래 살게 되면서 발생하는 위험이다. 기대수명은 빠르게 증가하고 있으나 조기퇴직 등으로 근로기간은 늘어나지 않으면서 노후자금부족 문제가 발생된다. 노후 소득이 사망시점까지 계속 발생하고 은퇴자가 사망 전 자산이 먼저 고갈되지 않도록 자산운용 전략을 수립하여야 한다.

2) GBI

주식, 채권, 부동산 등 위험자산의 투자의사결정에 있어서 현재 가장 폭넓게 활용되고 있는 방법론은 마코위츠의 평균-분산 모형이다. 평균-분산 모형은 기관투자자에게는 적합한 수단이 될 수 있으나, 개인의 연금자산 운용에 활용하기에는 상당한 어려움이 있다. 투자자 개인이 감당할 수 있는 투자 리스크를 파악하는 것이 쉽지 않기 때문이다. 분산과 표준편차 같은 리스크 지표 값을 사용하지만, 개인 투자자가 직접 리스크를 측정하기는 현실적으로 매우 어렵다.

전통적인 재무이론은 투자자들은 합리적으로 정보를 수집, 분석하고 자산의 가치를 합리적으로 판단하여 합리적으로 투자하다고 가정한다. 실제 투자자들은 정보 처리 능력이 제한되고 선택적으로 정보를 수집하여, 심리적 편향에 영향을 받는 비합리적인 투자 행동이 많이 나타난다. 행동재무이론(behavioral finance)은 전통적인 재무이론과 투자이론에 대비하여 투자자들의 행동 및 의사결정 과정을 현실적으로 반영하려는 노력으로 탄생한 이론이다. 이 이론은 투자자들이 합리적이고 이성적으로 행동하지 않을 때 발생하는 행동적 패턴 및 편향을 연구하고 설명한다.

행동재무적 관점에서 개인 투자자에게 적합한 투자의사 결정 체계를 마련하기 위한 대안 중 하나가 GBI(goal based investment) 전략이다. GBI는 투자 목표를 다양화하고 각 목표를 달성하지 못할 확률을 리스크로 간주하여 각 목표 별 자산운용 전략을 도출한다. GBI는 목표 설정, 목표 달성 기간 설정, 리스크 허용 수준 설정, 포트폴리오 구성, 주기적 검토 등의 순서로 이루어지며 개인의 연금자산 투자 전략에 매우 유용하게 활용될 수 있다. GBI는 행동재무이론의 대가인 Thaler의 심리적 회계 (mental accounting) 이론에 기초하고 있다. 심리적 회계이론에 의하면 투자자의 무의식에는 자금의 원천이나 용도에 따라 다른 역할을 부과하는 심리적 편견이 자리 잡고 있으며 이에 따라 투자 의사 결정을 하게 된다.

탈러(Richard H. Thaler: 1945. 9. 12. ~)

미국 태생의 경제학자로 제한적 합리성(bounded rationality)에 기반한 경제학 분야인 행동경제학(behavioral economics)을 체계화시켜 학문적으로 확립했다. 2017년에 행동경제학을 체계화하여 학문적으로 확립한 공로를 인정받아 노벨 경제학상을 수상했다.
Sunstein(Cass R. Sunstein)과 함께 행동 경제학의 개념을 사용하여 사회의 주요 문제 해결을 제시한 글로벌 베스트 셀러 Nudge의 공동 저자다.

개인 투자자들의 투자 목적은 내집 마련, 자녀교육지원, 노후 준비를 자금 마련 등 다양하다. 노후 준비를 위한 자금도 예상하지 못한 위험에 대비하기 위한 비상자금, 기본적인 생활비 자금, 여행 등 취미 활동 목적의 여유 생활비 자금, 상속을 위한 자금 등 다양한 목적으로 세분화할 수 있다. 비상자금은 예기지 못한 사유가 발생했을 때 바로 사용하기 위해서 예금 등 유동성이 큰 자산에 투자하여야 한다. 기본적인 생활비는 은퇴 후 기본적인 생계수준을 유지하기 위한 비용이다. 은퇴 이후의 연금소득이 기본 생활비보다 적다면 생활 자체가 불가능하다. 기본적인 생활비 마련을 위한 자금은 목표를 달성에 실패할 확률을 최소화하는 보수적인 투자 전략이 필요하다. 반면 여유 생활비나 상속 자금은 일부 손실이 발생하더라도 축소하면 되기 때문에 공격적인 투자 전략의 수립이 가능하다.

최근에는 많은 금융 기관들이 GBI 전략에 기반한 투자 서비스를 개발하여 제공하고 있으며 모호한 개인적 판단에 의존해 왔던 개인의 연금

자산운용 의사 결정을 대체하는 유용한 전략으로 자리잡고 있다. GBI 전략은 연금 자산 운용의 목표 달성을 위한 투자 전략을 구체적으로 계획하고 관리할 수 있으며, 목표에 따라 투자 포트폴리오를 최적화하는데 도움이 될 수 있다. GBI 전략이 IT 플랫폼 및 핀테크와 함께 발전할 경우 개인의 연금 자산운용 프로세스를 한 단계 발전시키는 계기가 될 수 있을 것으로 기대된다.

3) TDF

'100-나이' 법칙은 100에서 투자자의 나이를 뺀 비율 만큼은 수익성을 추구하는 위험자산에 투자하고 나머지는 안정성을 추구하는 안전 자산에 투자하라는 법칙이다. 예를 들어 투자자의 현재 나이가 40세라면 60%(100-40)는 위험자산에 투자하고 나머지 40%는 안전자산에 투자하라는 것이다. 투자자의 나이가 55세가 되면 45%(100-55)는 위험자산에 투자하고 나머지 55%는 안전자산에 투자하게 된다. 이 법칙에 따르면 생애주기에 따라 나이가 젊을 때는 위험자산 비중을 확대하여 수익성을 추구하고 나이가 들어가면서 위험자산의 비중을 줄이는 대신 안전자산의 비중을 확대하여 수익성 보다는 안정성을 추구하는 것이다. 일반적으로 위험자산에 장기 투자 시 기대되는 수익률은 안전자산의 수익률보다 높다고 여겨질 뿐 아니라 나이가 젊을 때는 투자 손실이 발생하더라도 장기 투자를 통해 만회할 수 있는 확률이 높으나 나이가 들어 갈수록 만회 확률이 줄어들기 때문이다.

이러한 생애주기별 투자전략을 개별 투자자가 스스로 일관성 있게 적용하는 것이 어렵다 보니 이를 위해 출시된 펀드가 TDF이다. 대다수의 개인 투자가들은 전통적인 경제학이나 재무이론에서 가정하는 이성적인 투자자이기 보다는 인지력이 부족하거나, 투자를 실행할 의지가 충분하지 않는 등 투자 결정에 있어서 이성적인 판단을 하지 못한다. 실제 미국에서는 연금 가입율을 제고시키고 개인 투자가들의 의사 결정을 용이

그림 6-5 TDF

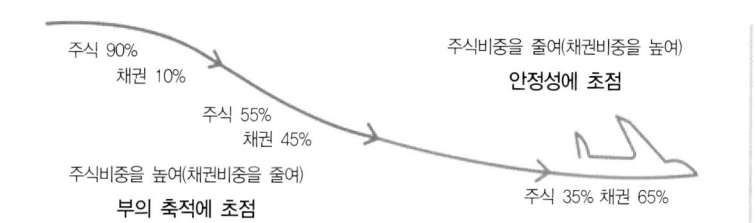

Glide Path(**활강경로**): 비행기가 활주로에 연착륙하듯 삶의 궤적에 따라 주식, 채권비중 자동조절

하게 하기 위해 자동가입, 디폴트옵션 등의 방안이 보완되었으며, 디폴트옵션의 도입과 함께 TDF에 대한 투자가 크게 확대되었다.

　TDF는 가입자의 생애주기를 고려하여 가입시점부터 목표시점까지 미리 설정된 자산배분곡선(Glide Path)을 기준으로 펀드의 자산배분을 자동적으로 조정하는 펀드이다. TDF는 2025, 2030, 2035, 2040, 2045, 2050 등 목표시점이 명기되어 투자자가 어느 펀드를 선택할지 기준을 제시한다. 투자자가 개인의 목표시점에 맞는 TDF를 선택하면 그 이후 시간이 지나 목표시점에 다가감에 따라 자산배분을 보수적으로 조정하는 특징을 가지고 있다.

　TDF의 자산배분 전략은 금융자산뿐 아니라 인적자산을 고려한 전략이라고 할 수 있다. 인적자산이란 투자자가 현재 및 미래에 창출하는 잠재적인 소득의 합을 현재 가치로 할인한 것이다. 가입자의 생애소득은 금융자산과 인적자산의 합으로 정의할 수 있으며, 젊은 시절에는 인적자산이 많은 반면 나이가 들수록 인적자산은 감소하게 된다. 인적자산은 비교적 안정적인 미래 현금흐름을 일정한 패턴에 따라 창출할 수 있으므로 주식보다는 채권과 상대적으로 더 유사한 특성을 보유한다. 채권과 유사한 인적자산을 상대적으로 많이 보유하고 있는 젊은 시절에는 주식으로 대표되는 위험자산 성격의 금융자산에 투자 비중을 높이는 것이 분산 투자 차원에서도 바람직하다. 인적자산이 줄어드는 노년기에는 채권과 같은 안전자산 성격의 금융자산의 투자 비중을 높이는 것이 합리적인 선택이 된다.

학습내용정리

- 연금의 재정방식은 크게 부과방식과 적립방식으로 구분되며, 각각은 완전 방식과 수정(또는 부분) 방식으로 분류된다.

- 자산운용이란 투자자의 목표와 제약조건에 적합한 자산배분의 결정, 포트폴리오 구성 및 기대수익률과 위험분석, 자산배분 및 포트폴리오 재조정, 성과 측정 및 평가, 위험 관리 등 투자의 계획, 실행, 평가를 포괄적으로 포함하는 개념이다.

- 연금제도에 의해 연금 지급을 위해 모아진 기금을 연금기금이라고 하며 줄여서 연기금이라고 한다.

- 연기금 자산운용은 안정성, 수익성, 유동성, 공공성, 독립성, 투명성, 비용 효율성의 원칙이 요구된다.

- 연기금 자산운용 프로세스는 자산운용체계 구축, 자산운용 정책 수립, 자산운용 집행, 위험관리와 성과평가의 4단계로 구성된다.

- 자산배분이란 운용자산을 예금, 주식, 채권, 부동산 등 기대수익과 위험 수준이 서로 다른 개별 자산군으로 배분하는 과정이다.

- 자산배분은 전략적 자산배분과 전술적 자산배분으로 나눌 수 있다.

- 목표수익률은 연기금의 목적 및 성격을 반영하여 사전적으로 설정하는 목표치로서 자산배분을 통해 달성해야 할 요구수익률의 개념이다.

- 허용위험한도는 자산운용과정에서 발생할 수 있는 수익률 감소 또는 손실에 대한 수용 가능한 정도를 말한다.

- 마코위츠의 평균-분산 모형은 연기금에서 가장 일반적으로 사용되는 전략적 자산배분 모형자산배분으로 투자 대상 자산들의 투자가치를 기대수익과 위험 2가지 요인으로 평가하고 있다.

- ESG는 환경(environment), 사회(social), 지배구조(governance)의 영문 첫 글자를 조합하여 만들어진 단어로 기업의 지속적인 성장과 생존에 직결되는 핵심 요소이다.

- ESG 투자란 재무적 지표만을 고려하여 투자 대상 기업을 선정하는 기존의 투자 방식에서 탈피하여 비재무적 요소인 ESG를 고려한 투자 전략이다.

- GBI는 투자 목표를 다양화하고 각 목표를 달성하지 못할 확률을 리스크로 간주하여 각 목표별 자산운용 전략을 도출한다.

- TDF는 가입자의 생애주기를 고려하여 가입시점부터 목표시점까지 미리 설정된 자산배분곡선Glide Path)을 기준으로 펀드의 자산배분을 자동적으로 조정하는 펀드이다.

학습 용어 정리

국부펀드(sovereign wealth fund)

국부펀드란 정부가 통화당국의 외환보유액과는 별도로 외환보유액의 일부를 주식, 채권, 부동산 등 기타 투자 목적으로 운용하는 자금을 말한다. 중앙은행의 외환보유액은 안정적 운용을 위해 미국 국채와 같이 금리는 낮지만 안정적이고 환매가 편리한 채권 형태로 가지고 있다. 그러나 국부펀드는 수익극대화를 위해 고수익 채권, 주식, 부동산 등에 다소 공격적인 투자를 한다. 국부펀드를 대규모로 운영하고 있는 국가는 아랍에미리트와 사우디아라비아 등 중동 산유국들이다. 우리나라는 정부가 100% 출자한 한국투자공사(KIC, 2005년 설립)가 국부펀드를 운용하고 있다

기부기금(endowment fund)

대학, 종교단체, 병원, 비영리 자선단체 등의 기부금 자산을 운용하는 기금

미달위험(shortfall risk)

자산운용 수익률이 기준이 되는 일정 수익률을 초과하지 못할 가능성

수정/부분적립방식(adjusted/partial funding methods)

부과방식과 완전적립방식의 중간 형태로서 일정 수준 이상의 적립비율 유지를 목표로 하는 재정방식

연금기금(pension fund)

연금제도에 의해 연금 지급을 위해 모아진 기금

완전적립방식(full funding methods)

미래 연금급여 지급액에 대한 재원 전액을 사전에 적립하는 재정방식

외부 효과(externality)

어떤 사람이나 기업의 행동이 제3자에게 의도하지 않은 혜택이나 손해를 가져다 주면서 보상을 받거나 손해에 배상을 지불하지 않는 현상

임팩트투자(impact investment)
사회, 환경문제의 측정 가능한 긍정적인 효과 창출을 목표로 하는 투자 방식

자산배분(asset allocation)
운용자산을 예금, 주식, 채권, 부동산 등 기대수익과 위험 수준이 서로 다른 개별 자산군으로 배분하는 과정

자산부채종합관리(ALM: asset liability management)
금리, 물가, 환율 등 여건 변화에 대비하여 자산과 부채를 상호 연계시켜 종합적으로 관리하는 기법

재정방식/재원조달방식(financing methods)
연금 급여 지출에 필요한 재원을 조달하는 방식

적립방식 (funding methods)
가입자가 납부한 보험료와 기금(적립금)에서 발생한 수익금을 적립했다가 미래의 연금급여로 지급하는 재정방식

적립비율(funded ratio)
연금재정의 안전성을 나타내는 재정지표로 연금채무 대비 연기금자산의 비율로 나타남

전략적 자산배분(strategic asset allocation)
중장기 투자 목적을 달성하기 위한 목적으로 목표수익률, 허용위험한도 등을 고려하여 자산군별 최적자산배분안을 도출하는 과정

전술적 자산배분(tactical asset allocation)
미시적 관점에서 변화하는 시장에 대응하기 위해 전략적 자산배분으로부터 주어진 범위 안에서 중단기적으로 자산 배분을 조정하는 과정

주주행동주의(sharehoder activism)
주주들이 배당금이나 시세차익에만 신경쓰던 것에서 벗어나 지배구조와 경영관여 등을 통해 적극적으로 이익을 추구하는 행위

평균-분산 최적화(mean-variance optimization)

투자자가 감내할 수 있는 리스크 수준하에서 기대수익을 최대화하는 자산배분을 산출하는 모델

CVaR(conditional value at risk)

자산가치의 최대손실액을 의미하는 VaR 이상의 시나리오 분포를 평균하여 계산한 극단손실의 기댓값

ESG(environment, social, governance)

환경(environment), 사회(social), 지배구조(governance)의 영문 첫 글자를 조합하여 만들어진 단어로 기업의 지속적인 성장과 생존에 직결되는 핵심 요소

ESG 투자(ESG investment)

장기적 관점에서 재무적 요소 외에도 다양하고 복잡한 비재무적 요소인 ESG를 고려하는 투자 방식

GBI(goal based investment)

은퇴 후 생활자금 마련, 여가 생활, 상속 등 투자 목표를 다양화 하고 각 목표를 달성하지 못할 확률을 리스크로 간주하여 도출된 목표 별 투자 전략

PRI(principles for responsible investment)

UN이 발표한 책임투자원칙으로 6개 원칙, 33개 세부 실천프로그램으로 구성

TDF(target date fund)

나이가 젊을 때는 위험자산 비중을 확대하여 수익성을 추구하고 나이가 들어가면서 위험자산의 비중을 줄이는 대신 안전자산의 비중을 확대하여 수익성보다는 안정성을 추구하는 생애주기별 투자전략을 기반으로 출시된 펀드

VaR(value at risk)

리스크를 계량화하는 대표적인 지표로서, 자산의 변동성을 통계적으로 분석하여 산출한 자산가치의 최대 손실액

예시문제-○×문항

01. 연금의 재정방식 중 적립방식이란 가입자 세대가 보험료로 납부한 금액을 현재 노령세대에게 연금급여로 지급하는 방식이다.

02. 연금급여 지급을 위한 적립비율을 적정수준으로 유지하기 위해서는 유동성이 확보되어야 한다.

03. 연기금의 자산운용 프로세스 중 자산운용 정책수립 단계에서 재정 전망, 금융시장 환경 등을 바탕으로 목표수익률과 허용위험한도를 설정한다.

04. 연기금의 목표수익률은 위기 상황에서도 달성이 가능한 최소 수익률 수준으로 설정되어야 한다.

05. 연기금의 목표수익률은 미래급여 지급을 위한 부채가 존재한다는 특성상 자산부채종합관리(ALM)관점에서 설정하기도 한다.

06. 허용위험 한도는 자산운용과정에서 발생할 수 있는 수익률 감소 또는 손실에 대한 수용 가능한 정도를 말하며, 자산배분안 도출 시 제약조건으로 사용된다.

07. 변화하는 시장에 대응하기 위해 주어진 범위 안에서 중단기적으로 자산배분을 조정하는 것을 전략적 자산배분이라고 한다.

정답

01. (×) - 부과방식에 대한 설명
02. (×) - 적립비율을 적정수준으로 유지하기 위해서는 수익성과 안정성이 요구됨
03. (○)
04. (×) - 목표수익률은 허용위험한도를 기반으로 자산배분을 통해 달성해야 할 요구수익률 개념
05. (○)
06. (○)
07. (×) - 전술적 자산배분에 대한 설명

08. ESG 통합전략은 전통적인 재무분석 프로세스를 무시하고 우수한 ESG 성과를 보이는 기업을 선별하여 투자하는 전략이다.

09. 투자 목표를 다양화하고 각 목표를 달성하지 못할 확률을 리스크로 간주하여 각 목표 별 자산운용 전략을 도출하는 방법론이 평균-분산 모형이다.

10. TDF는 나이가 젊을 때는 위험자산 비중을 확대하여 수익성을 추구하고 나이가 들어가면서 위험자산의 비중을 줄이는 대신 안전자산의 비중을 확대하여 수익성보다는 안정성을 추구하는 생애주기별 투자전략을 기반으로 출시된 펀드다.

🔒 정답
....

08. (×) – ESG 통합전략은 전통적인 재무분석 프로세스에 ESG 요소들을 종합적, 체계적으로 융합시키는 투자 방식
09. (×) – GBI에 대한 설명
10. (○)

예시문제-빈칸 채우기

01. 자산운용 정책수립 단계에서는 연기금의 재정 전망, 금융시장 환경 등을 바탕으로 (   )과 (   )를 설정하고 자산군별 자산배분 비중을 결정하게 된다.

02. 자산배분은 (   )적 자산배분과 (   )적 자산배분으로 나눌 수 있다. 전자는 자산배분 모형을 통해 자산군별 최적자산배분안을 도출하는 과정이며, 후자는 변화하는 시장에 대응하기 위해 주어진 범위 안에서 중단기적으로 자산 배분을 조정하는 것이다.

03. (   )는 투자를 통해 재무적 이익을 창출하는 동시에 경제성장 과정에서 발생한 사회, 환경문제를 시장을 통해 효과적으로 해결하는 것을 목표로 하는 ESG 투자전략이다.

04. TDF는 가입자의 생애주기를 고려하여 가입시점부터 목표시점까지 미리 설정된 (   )을 기준으로 펀드의 자산배분을 자동적으로 조정하는 펀드이다.

예시문제-논술형

01. 연금의 재정방식을 부과방식과 적립방식으로 구분하여 설명하시오.

02. 투자의 3요소인 수익성, 안정성, 유동성을 연기금 운용 관점에서 설명하시오.

03. 연기금이 사용하는 목표수익률 지표와 허용위험한도 지표들에 대해 설명하시오.

04. 연기금 및 기관투자자들이 활발히 활용하고 있는 ESG 투자전략들에 대해 설명하시오.

05. 평균-분산모형과 GBI의 차이점을 비교하여 설명하시오.

정답

01. (목표수익률), (허용위험한도)   02. (전략), (전술)
03. (임팩트 투자)   04. (자산배분곡선(glide path))

MEMO

학습개요

본장에서는 퇴직과 은퇴의 개념을 이해하고 은퇴 준비를
위한 연금설계의 단계를 인식한다. 재무적인 준비이외에
필요한 생활설계의 필요성을 이해한다.

학습목표

퇴직과 은퇴의 차이점을 설명할 수 있다.
연금 설계 5단계를 이해하고 설명할 수 있다.
행복한 은퇴를 위한 5가지 생활설계에 대해 설명할 수
있다.

은퇴와 연금설계

01 퇴직과 은퇴

적지 않은 사람들이 퇴직과 은퇴를 혼동해서 쓰는 경향이 있다. Chat GPT에 "은퇴와 퇴직의 차이점은?"이라고 물으니 다음과 같이 답변했다.

> 은퇴와 퇴직은 많은 사람들이 혼용하여 사용하는 용어입니다. 사전적 의미로 퇴직은 '현직에서 물러남이다'라는 뜻이며, 은퇴는 물러나서 한가로이 지냄이라는 뜻입니다. 따라서 일하는 것을 그만두고 새로운 직업을 찾기 시작할 때는 퇴직, 돈을 벌고자 일하는 것을 그만두고 새로운 삶을 시작할 때는 은퇴라고 하는 것이 맞습니다.

그림 7-1 **퇴직과 은퇴의 과정**

이처럼 퇴직과 은퇴는 개념부터 다르다. 퇴직은 생애 주된 일자리에서 나오는 것을 의미한다. 반면 은퇴는 정기적인 소득을 위한 경제적 활동을 완전히 그만두는 것을 뜻한다. 일반적으로 주된 일자리에서 퇴직한 다음 일정 기간 제2의 일자리(브리지잡)에 종사하다가 은퇴하는 과정을 거친다.

퇴직 이후 브리지잡이란 50세 이상의 근로자들이 퇴직 후 10년 넘지 않은 기간에 파트타임이나 풀타임으로 일하는 경우를 말한다. 이렇게 퇴직과 은퇴가 다른 것은 퇴직이 점차 빨라지면서 노후 준비가 충분치 않기 때문이다. 또 너무 이른 나이에 퇴직하여 더 이상 일하지 않는 것은 개인적으로나 국가 경제적으로도 바람직하지 않다고 인식하는 사람들이 많다.

1. 빨라진 퇴직

수명은 길어지고 있는 데 반해 회사에서 일할 수 있는 기간은 짧아지면서 노후에 대한 불안감이 점점 커지고 있다. 통계청에 따르면 55~64세 연령층은 평균 49.3세에 주된 일자리에서 퇴직하고 있으며 퇴직시 평균 근속기간은 12.8년으로 나타났다.

대부분이 법정 정년인 60세에 훨씬 못 미치는 49~50세 연령에 퇴직으로 몰리는 현실을 보여주고 있다. 주된 일자리에서 퇴직한 사유를 보면 권고사직·명예퇴직·정리해고(12.2%), 사업부진·조업중단·휴폐업(33%), 건강이 좋지 않아서(18.8%) 등으로 나타났다.

이 같은 퇴직 현실은 몇 가지 심각한 문제를 안고 있다. 첫째, 퇴직연령의 절대 수준이 너무 낮다. 풍부한 경험과 고도의 기술이 축적되어마음껏 실력을 발휘할 50대도 되지 않아 일자리에서 밀려나는 것은 기업이나 사회적으로 큰 손실이 아닐 수 없다. 퇴직 연령이 낮아지는 것은

 그림 7-2 **생애 주된 일자리에서의 평균 퇴직 연령**

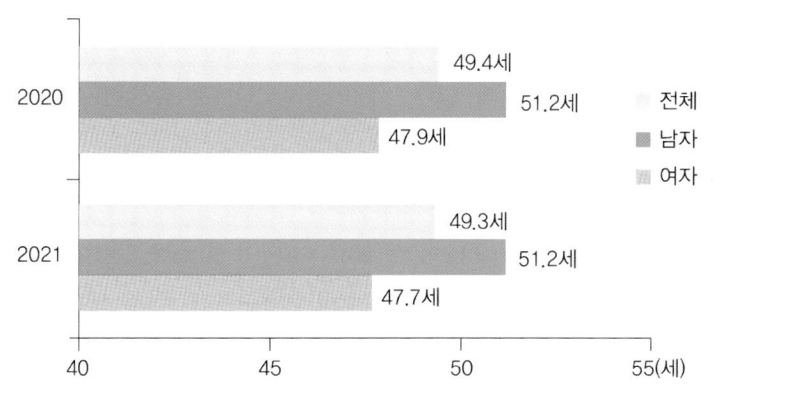

자료: 통계청 고령층 부가조사 결과 2021년 5월.

그림 7-3 **빠른 퇴직의 문제점**

* 인적자원의 국가 경제적 손실
* 노후 준비 부족
* 생애 주기 적자 전환
* 연금 개시 전 소득단절

기대수명이 연장되어 인구가 고령화되는 사회 변화에 역행하는 일이다. 50대 초반에 퇴직하면 재취업의 기회가 거의 주어지지 않는다. 이러한 현상은 결국 사회적 부담을 키우는 결과로 이어질 수밖에 없다.

둘째, 퇴직 연령이 낮아짐에 따라 근로 기간도 짧아져 노후에 대한 충분한 준비가 어려운 상황이 됐다. 우리의 생애 주기를 학습기-근로기-은퇴기로 나눈다면 과거 인생 70년 시대에는 라이프 스타일이 20년-30년-20년이었는 데 현재 인생 80년 시대에는 30년-20년-30년으로 악화됐다. 즉 과거에는 20년을 공부하면 취직해서 사회활동을 시작했는데 요즘에는 어학연수 등을 거치면서 30년을 공부해야 겨우 사회에 진출한다. 여기에다가 30년 정도 직장에 다닐 수 있었던 과거와 달리 이제는 조기 퇴직 등의 영향으로 20년 정도만 일할 수 있다. 이 20년 동안의 소득을 바탕으로 은퇴 후 30년 동안의 생활비와 의료비 등을 준비해야 하는 시대가 도래한 것이다.

셋째, 가계 지출이 가장 많은 시기에 퇴직으로 오히려 수입이 없어지게 되는 상황에 빠지게 된다. 50세 전후는 자녀의 교육비 등으로 목돈 들어갈 일이 많은데 이때 퇴직하면 수입이 끊겨 경제적 어려움에 처할 수밖에 없다. 다시 말해 경제적 사정을 고려하지 않은 퇴직 연령은 가정 경제에 큰 혼란을 초래할 수 있다.

넷째, 퇴직 후 연금을 받을 때까지 몇 년을 기다려야 한다. 이는 퇴직 시기와 연금 수령시기에 차이가 있기 때문이다. 만일 55세에 퇴직한 사람이 국민연금을 받기 위해서는 최소 10년을 기다려야 한다. 앞으로는 국민연금 지급 개시 연령이 높아지면서 이러한 공백 기간이 10년 이상으로 점점 길어질 예정이다.

사실 퇴직은 산업화의 산물이다. 노령인구가 많아지고 산업화가 가속화된 20세기에 들어와서야 퇴직이 제도화되고 보편화되기 시작했다. 산업화 이전의 사회에서는 사람들이 신체적·정신적 능력이 되는 한 일을 계속했기 때문에 오늘날처럼 연령 제한을 두고 퇴직한 예가 거의 없었다. 급속한 산업화가 이루어진 우리나라에서도 1960년대부터 민간 기업에 정년제가 도입되어 보편화되기 시작했다. 이때부터 정년퇴직은 개인의 삶에 중요한 사건이 되었다. 하지만 그동안 산업구조의 변화, 수명의 증가와 건강 증진, 저출산 등에 따른 젊은 노동력의 감소 등 사회 환경이 변하면서 퇴직은 더 이상 일하지 않는다는 과거의 의미가 약화되고 있다.

2. 부정적인 은퇴 인식

우리나라 사람들은 은퇴에 대해 이야기하는 것을 죽음에 대한 이야기만큼이나 꺼린다. 이는 사람들이 은퇴를 먼 미래의 일이나 회피하고 싶은 문제로 여기기 때문이다. 적지 않은 사람들이 죽음을 대할 때처럼 은퇴에 대해 막연한 두려움을 품고 있다. NH투자증권 조사(2020 중산층 보고서)에 따르면 은퇴에 대해 재정적 불안 68.9%, 건강쇠퇴 64.1%, 외로움 40.3% 등 부정적 인식이 높았다. 반면 영국, 미국, 프랑스 등은 조사대상자의 절반 이상이 은퇴에 대해 자유나 행복이라는 긍정적인 단어를 떠올려 대조를 이뤘다.

우리나라 사람들이 이처럼 은퇴에 대해 부정적인 이유는 무엇일까? 두 가지 이유를 꼽을 수 있는데, 첫째는 은퇴에 대한 충분한 준비를 하지 못했기 때문이고, 둘째는 은퇴가 인생에서 맞게 되는 불행한 일이라고 생각하기 때문이다.

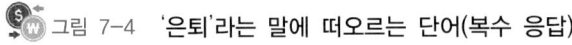
그림 7-4 '은퇴'라는 말에 떠오르는 단어(복수 응답)

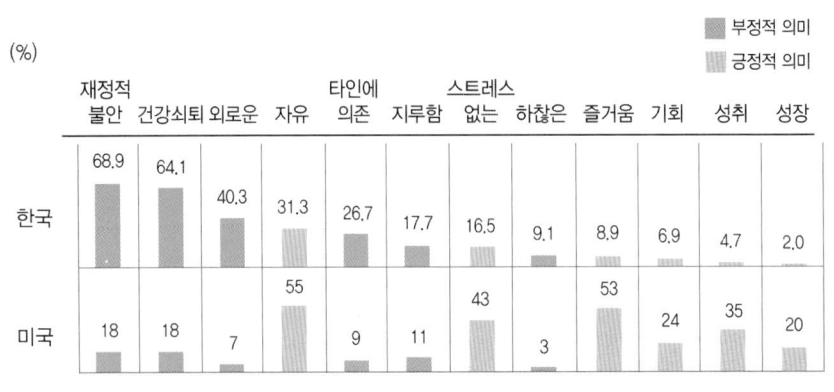

(%)	재정적 불안	건강쇠퇴	외로운	자유	타인에 의존	지루함	스트레스 없는	하찮은	즐거움	기회	성취	성장
한국	68.9	64.1	40.3	31.3	26.7	17.7	16.5	9.1	8.9	6.9	4.7	2.0
미국	18	18	7	55	9	11	43	3	53	24	35	20

(부정적 의미 / 긍정적 의미)

자료: NH투자증권 100세시대연구소, Transamerica center(2019).

은퇴를 우리 인생에서 맞게 되는 불행한 일이라고 여기는 것은 은퇴에 대한 오래된 고정관념에서 비롯되었다. 국어사전을 찾아보면 은퇴란 '직임에서 물러나거나 사회활동에서 손을 떼고 한가히 지냄'이라고 쓰여 있다. 아마도 많은 사람들이 여전히 은퇴에 대한 정의를 이같이 생각하고 있을 것이다. 노후 생활비는 물론 자녀의 교육비나 결혼비용 등이 충분히 준비되지 않은 상태에서 월급과 일자리가 사라져버린다는 생각만으로도 두려움에 떨 수밖에 없을 것이다.

그림 7-5 은퇴인식의 영향

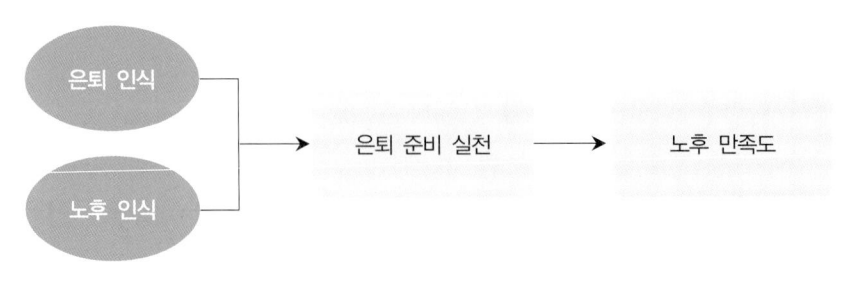

은퇴가 '물러남'과 '한가히 지냄'을 의미하던 때는 지났다. 오히려 그 반대로 '새로운 시작'을 뜻하는 단어로 이미 바뀌고 있다. 우리와 달리 선진국에서는 잘 발달된 연금제도를 바탕으로 풍요로운 은퇴 생활을 즐기는 사람들이 많다. 그러다 보니 은퇴 이후의 여유로운 시기를 황금시대(gold age)라고 부르며 은퇴하기 위해 일한다고 할 정도로 애타게 은퇴를 기다린다. 물론 은퇴 이후에 운동이나 여행과 같은 여가생활을 즐기기도 하지만 점차 이런 여가생활형 은퇴는 줄고 평소 하고 싶었지만 사정상 은퇴 전에는 하지 못했던 일을 새롭게 시작하기 위해 노력하는 적극적인 은퇴문화가 발달하고 있다. 그 결과 노인이라는 용어보다는 시니어(senior)로 불리길 원하며, 적극적으로 은퇴 생활을 즐기는 활기찬 은퇴자를 일컫는 액티브 시니어(active senior)들이 급속히 늘고 있다.

일본에서는 은퇴라는 말이 너무 부정적이어서 영어 발음대로 '리타이어먼트'라는 말을 그대로 표기하기도 한다. 우리는 아직 은퇴를 대체할 만한 마땅한 용어를 찾지 못하고 있지만 우리 모두가 긍정적인 은퇴문화를 만들기 위해 노력하다 보면 자연스럽게 새로운 용어가 떠오르고 자리 잡아갈 것이다. '은퇴하다'는 영어로 'Retire'이다. 이미 은퇴에 대한 긍정적인 인식이 널리 퍼져 있는 외국에서는 이 단어를 'Re-Tire' 곧 '다시(Re) 타이어(Tire)를 갈아 끼우고 은퇴 후 20~30년을 힘차게 살아간다'는 개념으로 바꾸어 말하기도 한다. 다시 말해 은퇴를 사회생활에서 물러나는 것이 아니라 오히려 그동안 꼭 하고 싶었으나 하지 못했던 일을 할 좋은 기회로 생각하는 것이다. 이렇게 은퇴의 개념을 바꾸어 생각하면 은퇴는 더 이상 두려움의 대상이 아니라 새로운 시작을 알리는 반가운 존재가 되어 설레는 마음으로 맞이할 수 있을 것이다.

02 연금설계

1. 연금설계의 정의와 기초

은퇴설계란 근로소득이 없는 은퇴 이후의 생활을 위해 필요한 자금과 각종 보장장치를 마련하기 위한 계획을 수립 실행하는 것이다. 은퇴설계는 은퇴 이후 전반적인 생활과 활동을 위한 영역으로 점차 확대되고 있다. 특히 재무적인 문제뿐만 아니라 비재무적인 문제로까지 포괄하는 종합적인 개념이다. 우리가 다루고자 하는 연금설계는 은퇴설계의 세부적인 영역으로서 연금으로 안정적인 노후를 대비하는 전략을 수립하는 것이다. 연금 자산을 모으는 적립단계와 연금자산을 바탕으로 노후 생활비로 활용하는 인출단계로 나눌 수 있다.

🅢🅦 그림 7-6 **은퇴설계와 연금설계**

은퇴설계 연금설계

은퇴설계와 연금설계의 이론적 근거가 되는 대표적인 이론은 모딜리아니의 생애주기가설과 세대간 이전 가설이다. 생애주기가설은 개인의 일생에 있어서 경제활동이 왕성한 시기인 청장년기에는 저축을 하고 노년기에는 소비에 비해 소득이 작아 축적된 자산을 소비 사용하는 음의 저축을 하게 되는 과정에 초점을 맞춘 이론이다. 개인의 부나 저축이 은퇴때까지는 증가하다가 은퇴 이후 점차 감소하는 낙타 등의 형태를 보인

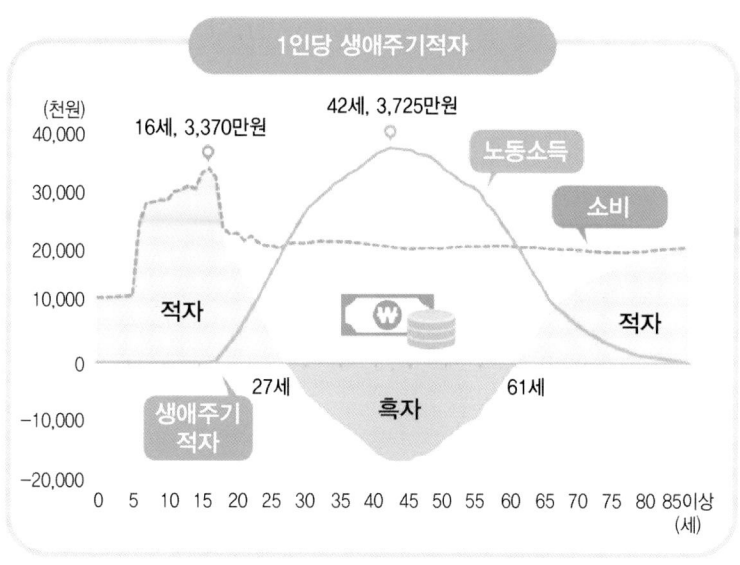

그림 7-7   **생애주기가설과 생애주기 적자**

자료: 통계청, 2020년 국민이전계정.

다는 사실을 시사하고 있다.

제2장에서 살펴본 생애주기가설에 따르면 사람들은 은퇴 이전과 은퇴 이후 모두 일정한 소비 효용을 기대한다는 점을 강조했다. 이 이론으로 모든 걸 설명할 순 없다. 노인의 부가 연령이 많아질수록 증가한다는 실증적 분석은 개인 및 가계의 소비와 저축 외에 유산상속으로부터의 효용도 고려해야 함을 알 수 있다. 모든 생애에 걸쳐 효용을 주는 것으로 소비뿐만 아니라 상속도 포함돼야 한다는 것이 세대 간 이전 가설이다.

2. 연금설계 프로세스

연금 설계는 은퇴설계와 병행한다. 연금설계는 다음과 같이 5단계로 진행한다. 1단계는 연금자산의 목표를 수립하는 과정이다. 은퇴 이후 노후 생활 기간, 생활비 수준, 의료비 등의 예측을 통해 어느 정도 연금 자산을 확보할지 목표를 정한다. 다음 2단계는 준비된 연금 자산을 파악하는 과정이다. 국민연금, 퇴직연금, 개인연금 등의 종합적인 정보를 수집하고 이를 기초로 계산과 분석한다. 3단계는 준비된 연금자산과 연금 목표를 평가하여 추가적으로 마련해야 할 연금자산을 계산하고 분석하는 과정이다. 4단계는 3단계에서 부족한 연금자산을 채우기 위한 전략을 수립하고 실행하는 과정이다. 끝으로 5단계는 앞선 모든 단계가 완성 된 이후 일정기간마다 모니터링하고 이를 수정·관리하는 단계이다. 그리고 앞선 과정을 반복하게 된다.

그림 7-8 **연금설계 프로세스**

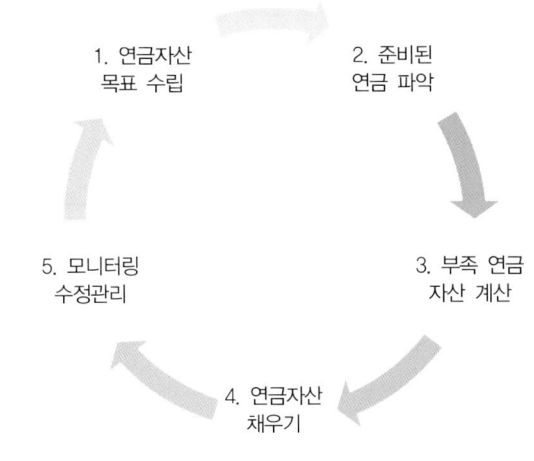

1) 연금자산 목표 수립

1단계는 연금 마련의 목표를 수립하는 단계이다. 즉 노후생활비에서 연금으로 어느 정도를 마련할 것인가를 결정하는 것이다. 이를 위해서는 먼저 노후생활비로 어느 정도가 필요한 지를 정해야 한다. 각종 연구기관에서 발표하는 적정 생활비와 최소 생활비를 참조하면서 자신의 라이프스타일이나 라이프사이클을 감안해 설정하면 된다. 예를 들어 월 200

만원을 적정한 수준이라 생각하는 사람이 있는가 하면, 시골에서 전원생활을 추구하는 어떤 사람은 150만원만 해도 충분하다고 생각할 것이다. 월 생활비는 미래가치가 아니라 현재가치를 기준으로 산정하면 무난하다.

노후에 필요한 월 생활비 규모를 정했다면 그 다음에는 이 생활비를 어떻게 조달할 것이냐를 정해야 한다. 그리고 이 가운데 연금자산은 어느 정도로 충당할 것인가를 결정한다. 노후생활비를 조달할 수 있는 원천은 크게 연금소득 · 자산소득 · 근로소득 · 이전소득으로 구분할 수 있다. 연금소득에는 국민연금을 포함한 공적연금에서 받는 금액과 사적연금에서 받을 것으로 예상되는 연금액을 감안해야 한다. 자산소득은 개인이 보유하고 있는 자산으로부터 나오는 일정한 현금흐름으로 말한다. 임대소득이나 배당소득도 포함한다. 자녀나 친지, 지역사회 및 정부로부터 받는 각종 보조금 등의 이전소득 역시 노후생활비의 중요한 원천이라 할 수 있다.

표 7-1　은퇴 후 필요로 하는 최소 및 적정생활비

(단위: 천원)

구 분		필요최소노후생활비		필요적정노후생활비	
		부부기준	개인기준	부부기준	개인기준
성별	남	2,010.8	1,207.3	2,761.4	1,697.9
	여	1,902.0	1,137.2	2,618.3	1,606.9
연령대	50세 미만	2,104.2	1,288.0	2,830.2	1,795.6
	50대	2,153.6	1,296.8	2,961.3	1,822.9
	60대	1,993.0	1,184.0	2,753.5	1,673.3
	70대	1,723.5	1,042.1	2,355.2	1,467.5
	80세 이상	1,551.5	913.1	2,134.5	1,303.0

자료: 국민연금공단 국민연금연구원, 제8차(2019년) 국민노후보장패널조사

2) 준비된 연금자산 파악

다음은 지금까지 준비된 연금 자산과 관련한 정보를 수집하는 단계이다. 어떤 연금에 가입해 있는지 알고 있는 사람들이라 할지라도 거기에

서 어느 정도의 연금액이 나올지 모르는 경우가 많다. 심지어 자신이 가입한 연금이 있는지 없는지, 가입을 한 것 같은데 무엇인지 잘 모르는 사람들도 있다. 노후생활비로 사용할 연금액을 정확하게 산정하기 위해서는 무엇보다도 관련 정보를 정확하게 파악하는 것이 중요하다.

국민연금에 대한 정보는 국민연금공단 홈페이지의 "노후준비(내연금)"에 접속하면 복잡한 인증과정 없이도 내가 받을 수 있는 연금액을 간편하게 알아볼 수 있다. 결과보기 화면에는 노령예상연금액을 현재가치와 미래가치로 구분해 보여준다. 또한 국민연금액을 정확하게 알고 싶다면 '빠른 서비스' 열의 '국민연금 예상연금조회'를 클릭하면 되는데, 주민등록번호를 입력하고 공인인증서 로그인을 해야 하는 번거로움이 있다. 여기에서는 현재가치 예상연금액과 미래가치 예상연금액을 확인할 수 있다.

사적연금에 대한 정보수집은 더욱 복잡하다. 가입자들은 자신이 월 납부하는 금액 정도만 알고 있는 경우가 대부분이며, 자신이 받을 것으로 예상되는 연금액을 알고 있는 가입자는 매우 드물다. 이런 문제를 해

그림 7-9   **통합연금포탈: 100lifeplan.fss.or.kr**

결하기 위해 도입된 것이 '통합연금포털'이다. 통합연금포털은 금융감독원이 운영하는 사이트로 여러 금융회사에 가입한 퇴직연금과 개인연금 정보를 한꺼번에 확인할 수 있는 곳이다. 통합연금포털을 활용하면 연금제도별로 금융회사별 연금을 한 화면에서 확인할 수 있다. 최초 회원 가입 후에는 3영업일이 지난 후에 본인의 연금정보를 확인할 수 있다. 각 금융회사로부터 연금 정보를 요청하고 이를 회신 받는 데 시간이 소요되기 때문이다. 가입한 상품별로 적립금액, 연간 납입금액, 가입할 때 선택한 연금개시 시점, 지급기간 등의 정보를 확인할 수 있다. 이러한 절차를 통해 현재까지 마련된 연금자산이 어느 정도인가를 파악한다.

3) 부족한 연금자산 계산

3단계는 부족한 연금자산을 계산하는 단계이다. 1단계에서 수립한 연금자산 목표와 2단계에서 파악한 현재 준비된 연금자산의 차이를 계산하면 된다.

그림 7-10 **부족한 연금자산 계산**

부족한 연금자산	=	목표 연금자산	—	준비된 연금자산

① 은퇴 후 필요한 연간수입		₩
② 예상되는 연금 수입		
국민연금	₩	
퇴직연금	₩	
개인연금	₩	
총 연금 합계		₩
③ 필요한 연금소득 부족액 = ① – ②		₩

　이러한 개념을 보다 구체적으로 한다면 은퇴 이후 필요로 하는 소득에서 국민연금 퇴직연금 개인연금 등 준비된 연금으로부터 수급이 예상되는 연금액을 차감한다. 연간 단위로 부족한 소득의 규모를 계산한다. 이러한 결과 부족한 소득이 마이너스라고 한다면 은퇴 후 필요로 하는 소득보다 받게 되는 연금 소득이 더 많음을 나타내는 것이다. 이는 은퇴를 위한 별도의 저축이 필요 없음을 나타내는 것이다.

4) 부족 연금 자산 채우기

　4단계는 부족한 연금자산을 채우기 위한 전략을 수립하는 단계이다. 예상 연금액이 목표로 삼은 연금액보다 적은 경우에는 그 차액을 보충하는 구체적인 방법을 모색해야 한다. 여기에는 크게 '더하기 법'과 '줄이기 법'이 있다. 더하기 법에는 계속 일을 해서 소득 기간을 늘리는 방법이 있다. 퇴직하지 않아도 되는 직업으로 바꾸거나 창업 등을 통해 스스로를 고용하기, 서서히 은퇴하기 등과 같이 현재 직장에서 퇴직하더라도 계속 일을 해서 소득을 늘릴 수 있는 방법을 강구하는 것이다.

　다음으로 길게 저축하고 적립식으로 투자하는 방법이 있다. 은퇴 준비는 마치 산을 오르는 것과 같다. 일찍부터 오르막이 시작되는 완만한 산이면 천천히 오를 수 있지만 늦게 오르막이 시작되면 그만큼 가파르고 힘들게 올라가야 한다. 만일 60세 은퇴 시점에 3억원의 자금(기대수익률

 그림 7-11 **부족한 연금자산 채우기**

더하기	줄이기
계속 일하기	집 줄이기
투자하기	생활비 줄이기
연금 가입하기	자녀 사교육비 줄이기
역모기지론 이용하기	자녀 결혼비용 줄이기

4% 가정)을 마련하려는 목표를 세웠다면 가정해보자. 40대부터 은퇴 준비를 시작한다면 월 82만원을 저축해야 하지만 10년 일찍 30대부터 시작한다면 절반 정도인 월 43만원이면 가능하다. 그리고 20대부터 시작하면 필요한 저축금액이 월 25만원으로 떨어진다. 이처럼 노후 준비를 일찍 시작해서 오랫동안 저축한다면 적은 금액으로도 충분한 준비가 가능해진다. 또 다른 방법으로는 연금상품의 가입액을 늘리는 방법이 있다.

줄이기 법에서 가장 먼저 해야 할 일은 집 줄이기이다. 우리나라 가계자산의 80% 이상이 부동산에 몰려 있다는 점에서 제일 보편적으로 실행할 수 있는 방법이다. 집의 규모를 줄이거나 집값이 더 싼 지역으로 이사 가면 여윳돈을 마련할 수가 있다. 이 돈을 즉시연금과 같은 금융상품을 활용해 연금화한다면 은퇴생활비를 마련할 수 있다. 이밖에 은퇴 이후의 생활비 줄이기, 자녀의 교육 및 결혼자금 줄이기 등의 방법도 있다.

5) 모니터링 및 관리 단계

앞서 수립한 전략을 실행하면서 모니터링 하는 단계이다. 시간이 지나면서 전략을 수립할 때 상정한 금융환경이나 개인의 사정이 바뀔 수도 있다. 그렇지 않다 하더라도 애초에 계획한 대로 실행이 잘 안 되는 경우도 생길 수 있다. 이런 점을 면밀히 주시하다 필요하다고 판단되면 계획을 과감하게 수정할 필요가 있다. 리밸런싱이 펀드의 성과에 큰 영향을 미치듯이 연금설계도 마찬가지다. 많은 고민 끝에 수립한 연금설계라고 해서 그것이 반드시 최선이라고 할 수는 없다. 그 당시에는 최선책이었다 하더라도 상황이 바뀌면 차선책이나 하위책으로 전락할 수 있다. 따라서 지속적으로 모니터링하면서 바뀌는 상황이나 목표에 따라 변경한다. 이처럼 연금설계는 한번 하고 마는 것이 아니라 꾸준히 반복하는 과정이라는 점을 반드시 인식해야 한다.

03 생활설계

　은퇴를 준비하면서 가장 저지르기 쉬운 실수 가운데 하나가 경제적인 측면에만 관심을 가지는 것이다. 물론 경제적인 여유가 없다면 돈에 쪼들려 하고 싶은 일을 제대로 할 수 없을 것이다. 하지만 여러 연구의 결과를 보면 은퇴 생활에 만족감을 주는 것 중 돈이 차지하는 비중이 생각보다 크지 않다는 것을 알 수 있다. 은퇴 생활의 만족감은 경제적인 측면뿐만 아니라 개인적인 성장, 동료나 가족 또는 친구와의 관계 등 종합적인 상황을 고려해 결정된다. 이것이 바로 은퇴 이후 생활설계가 필요한 이유이다.

　생활설계란 건강, 정신, 인간관계, 시간, 공간, 기술 등 여러 삶의 분야를 진열해서 앞으로의 생활을 계획하고 경영한다고 정의할 수 있다.

1. 무엇을 할지 모르는 은퇴는 '살아 있는 죽음'

　은퇴 이후 친구가 없거나 마땅히 할 일이 없는 생활이 주는 지루함, 변화에 대한 부적응 등이 은퇴자들에게 좋지 않은 영향을 끼친다는 연구 결과도 있다. 우리나라 사람들에게 은퇴 이후에 무엇을 하고 싶은지 질문하면 가장 많이 나오는 답변이 '부인과의 세계여행'이다. 실제로 부인과 세계 여러 나라를 여행하고 돌아온 전직 CEO가 가장 닮고 싶은 은퇴 생활의 롤 모델로 꼽히기도 했다. 물론 여행을 통해 자신의 삶을 되돌아보며 많은 것을 얻을 수도 있다. 하지만 은퇴 이후 30~40년을 여행만으로 보낼 수는 없는 노릇이다. 또한 경우에 따라서는 부인이 남편과의 오랜 여행을 원하지 않을 수도 있다. 한 은퇴자는 은퇴 이후에 십여 년간 전 세계 곳곳으로 여행을 다녔다고 한다. 하지만 지금 와서 되돌아보면 여행에만 매달렸던 시간이 후회된다고 했다. 다른 여러 가지 일을 해보지 못했기 때문이다. 은퇴 이후 하고 싶은 일로 여행을 가장 많이 꼽는 것은 많은 사람들이 은퇴 이후 무엇을 해야 할지 구체적으로 생각해보지 못 했기 때문일 가능성이 높다. 그저 갑작스런 질문에 막연하게 '여행'을 꼽은 것이다. 결국 근본적인 문제는 은퇴 이후에 무엇을 할 것인가에 대한 고민이 부족하다는 사실이다. 은퇴 이후의 가장 큰 도전은 직장생활을 할 때의 시간 통제가 없어진 '막막한 자유'라고 할 수 있다. 직장에 다닐 때는 출근, 업무, 점심식사, 퇴근 등 일련의 스케줄대로 시간이 정해져 있었다. 하지만 은퇴 이후에는 어느 누구도 이를 통제해주지 않는다.

통계청 생활시간조사(2019년)에 따르면 60세 이후 은퇴자의 여가시간 활용을 TV 시청과 같은 미디어 이용이 월등이 높았다. 물론 TV를 한두 시간 더 시청한다고 해서 당장 나쁜 결과를 낳지는 않을 것이다. 오히려 이를 통해 유용한 정보를 얻을 수도 있다. 하지만 TV 시청 시간이 지나치게 길어지면 은퇴 생활에 심각한 문제를 야기할 수 있다. 오랜 시간을 텔레비전 앞에 묶여 있다 보면 인생 자체가 무료하게 느껴지는 부작용이 나타나기 쉽다. 이는 충족감을 거의 주지 못하는 수동적인 활동이다. 어느 정도 절제가 가능하다면 큰 문제가 되지 않을 수도 있지만 한번 빠져들면 자제하기가 좀처럼 쉽지 않다. 결국 행복하고 성공적인 은퇴 생활

그림 7-12 **연령별 여가시간 활용 실태**

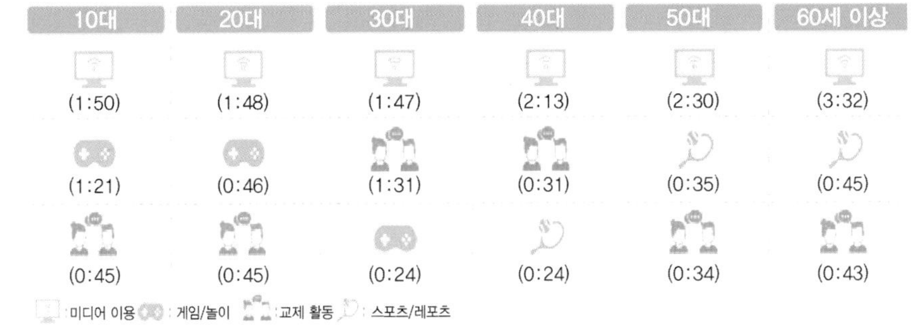

10대	20대	30대	40대	50대	60세 이상
(1:50)	(1:48)	(1:47)	(2:13)	(2:30)	(3:32)
(1:21)	(0:46)	(1:31)	(0:31)	(0:35)	(0:45)
(0:45)	(0:45)	(0:24)	(0:24)	(0:34)	(0:43)

미디어 이용　：게임/놀이　：교제 활동　：스포츠/레포츠

자료: 통계청, 2019년 생활시간조사 결과.

은 TV 시청 시간과 반비례 한다고 할 수 있다. 따라서 가급적 이를 자제하도록 노력할 필요가 있다.

은퇴가 곧 행복이나 불행을 의미하는 것은 결코 아니다. 어떻게 은퇴를 준비하느냐에 따라 완전히 다른 결과를 낳을 수 있다. 적지 않은 사람들이 무료하게 은퇴 생활을 보내는 이유는 그동안 은퇴 설계를 할 때 재무적인 준비에만 초점을 두었기 때문이다. 사람들은 노후 생활비로 많이 부족한 국민연금에만 의존해 궁핍한 노후를 보내지 않으려면 따로 연금자산을 넉넉하게 비축해두어야 한다고 생각한다. 하지만 은퇴 이후에 시간을 어떻게 쓸지에 대해서는 별로 고민하지 않는다. 어떤 사람들은 재무적인 준비만 되면 나머지는 자연스럽게 해결될 것이라고 막연하게 생각한다. 또 어떤 이는 너무 골치 아픈 문제이기 때문에 이에 대한 고민을 회피한다. 그러다보니 막상 은퇴가 가까워지면 도대체 무엇을 하며 시간을 보내야 할지 몰라 막막해하는 이들을 쉽게 찾아볼 수 있다. 은퇴 이후의 일은 경제적인 도움이 될 뿐만 아니라 삶의 보람을 느끼게 하고 자신의 역할에 대한 만족을 준다는 점에서 은퇴자에게 매우 중요하다. 또 일을 통해서 사회적 관계를 유지해 나갈 수도 있다. 은퇴는 하고 싶은 일을 해볼 수 있는 좋은 기회이다. 특히 사회를 위해 가치 있는 일을 할 수 있는 절호의 기회이기 때문에 잘 활용해야 한다. 선진국에서는 은퇴 이후 사회활동과 일을 지속적으로 해나가기 위해 은퇴 이전부터 대학 등으로 달려가 재교육을 받는 등 적극적인 준비를 하는 이들을 쉽게 찾아볼 수 있다. 은퇴 후에는 여가 활동 역시 중요하다. 적절한 여가 활동은 건강을 증진시키고 삶의 질을 향상시키며 생활의 만족감을 높인다. 은퇴 이후에 여가 활동을 시작하면 늦는다. 은퇴 이전부터 여가 활동에 대한 기술과 지식을 갖춰두어야 은퇴 이후에도 자연스럽게 유지할 수 있다.

2. 행복한 은퇴를 위한 5가지 생활설계

많은 사람들이 평생을 직장에 다니다가 은퇴하면 더 이상 눈치 볼 일 없이 하고 싶은 일만 하면서 원할 때는 언제든 낮잠을 즐기는 꿈같은 삶이 기다릴 것이라고 생각한다. 물론 은퇴 이후에 처음 몇 주 동안은 매일 밤늦게 잠들 수 있는 여유와 하고 싶은 일을 원하는 시간에 할 수 있는 자유를 만끽할 수 있다. 하지만 인생의 모든 것이 그러하듯 한두 달만 지나고 나면 은퇴의 신선함은 어느 새 사라져 버리고 만다. 아침 일찍 일어나야 할 이유를 찾을 수 없고 딱히 갈 곳도 마땅치 않다. "이제부터 무엇을 하지?" 자꾸 스스로에게 묻게 된다.

과연 은퇴의 본질적 의의는 무엇일까? 은퇴의 의의는 진정한 자아를 찾아 새로운 삶을 살 수 있는 마지막 기회이다. 물론 현역 시절에 이미 자아를 실현하는 훌륭한 사람도 없지는 않지만 대부분은 가족에 대한 부양의무나 생활에 쫓겨 자신을 돌아보지 못한 채 많은 시간을 보내버린다. 그러나 은퇴 이후에는 이전의 삶과 달리 온전히 자신의 삶을 살 수 있는 시간을 가질 수 있다. 은퇴 후 자신의 삶을 살기 위해서는 자신만의 관심사와 목표가 분명해야 한다. 명확한 삶의 목표가 있는 사람에게는 은퇴 생활이 천국이 될 수 있지만 목표가 없는 사람에게는 은퇴가 곧 지옥이다. 은퇴 이후의 삶에 대한 목표를 세웠다면 다음은 그 목표를 이루기 위한 구체적인 계획이 필요하다. 계획을 세울 때에는 두루 갖춰야 할 것이 있다. 바로 가족, 건강, 사회 활동, 취미·여가, 부와 소득 등으로, 이를 가리켜 '5가지 행복 포트폴리오'라고 부른다.

첫째, 가족이 중심적인 조직망이 되는 은퇴기에는 가족과의 통합이 가장 중요한 사회심리적 과제가 되며 삶의 만족도를 높이는 주요 요인이 된다. 하지만 가족 관계는 은퇴 이후 새롭게 정립되기보다는 과거의 경험이 영향을 미치기 때문에 일과 직장에 전념했던 남성이 은퇴 후 배우자나 자녀와 화합해 산다는 것이 결코 쉽지 않은 문제가 될 수 있다. 가족과 원만한 관계를 유지하기 위해서는 은퇴 전부터 잔소리가 아닌 대화

그림 7-13 **행복한 은퇴를 위한 포트폴리오**

를 나누는 연습이 필요하다.

둘째, 건강은 신체적 독립 상태와 일상 생활을 영위해 나가며 긍정적인 자아를 유지하고 원만한 인간관계를 형성하여 사회생활에 기대되는 역할 수행과 사회적 통합을 이루기 위한 기본적 조건이다. 특히 은퇴 이후 건강상태는 전반적인 삶의 만족도, 심리적 정신적 안정감이나 고립감과 밀접한 관련이 있다. 하지만 일반적으로 나이가 들면 건강이 약화될 가능성이 높다. 따라서 꾸준한 운동과 적절한 의료서비스를 통해 건강을 유지하고 활발한 노후 생활을 최대한 길게 연장해야 한다.

셋째, 사회 활동은 은퇴 생활을 행복하게 하는 중요한 열쇠이다. 은퇴 이후의 일은 단순히 경제적인 도움이 될 뿐만 아니라 삶의 보람과 역할에 대한 만족감을 준다는 점에서 매우 중요하다. 또 일을 통해 사회적 관계를 유지해 나갈 수도 있다.

넷째, 자신에게 맞는 취미와 여가활동은 노후를 풍요롭게 만든다. 노후에는 의무적인 일에서 벗어나면서 여가시간이 대폭 늘어나게 된다. 풍부하게 주어진 여가시간을 어떻게 보내느냐는 큰 과제가 되고 있다. 이

시간의 대부분을 텔레비전 앞에서 허비한다면 은퇴생활은 지루해질 수밖에 없다. 적절한 여가활동은 건강을 증진시켜주며 삶의 질을 높이고 생활의 만족감을 증대시켜 준다. 지속적으로 개발되어온 여가활동이 새로이 추구하는 여가활동보다 생활의 만족을 준다는 연구결과도 있다.

끝으로 다섯째는 부와 소득이다. 은퇴 이후의 삶을 온전히 즐기기 위해서는 적절한 생활자금을 미리 만들어 두어야 한다. 이때 생활자금은 부동산이나 거액의 목돈보다는 매월 얼마씩이라도 일정하게 받을 수 있는 현금흐름(Cash Flow)인 연금이 중심이어야 한다. 부동산이나 거액의 목돈은 바로 현금화하기 불편할 뿐 아니라 관리의 어려움도 있기 때문이다.

학습내용정리

- 퇴직은 생애 주된 일자리에서 나오는 것을, 은퇴는 정기적인 소득을 위한 경제 활동을 완전히 그만두는 것을 의미한다.

- 빨라진 퇴직은 풍부한 경험과 고도의 기술을 축적한 인력을 상실하는 기업이나 사회적인 손실이며 노후에 대한 충분한 준비를 가로막는 문제점을 낳는다.

- 은퇴가 물러남이나 한가히 지냄을 의미하는 때는 지났다. 새로운 시작을 뜻하는 단어로 바뀌고 있다.

- 연금 설계는 ① 연금자산 목표 수립 ② 준비된 연금 자산 파악 ③ 부족한 연금 자산 계산 ④ 부족 연금자산 채우기 ⑤ 모니터링 및 관리 등 5단계 과정을 반복한다.

- 은퇴는 하고 싶은 일을 해볼 수 있는 좋은 기회이다. 특히 사회를 위해 가치 있는 일을 할 수 있는 절호의 기회이기 때문에 잘 활용해야 한다.

학습 용어 정리

브리지잡 (Bridge Job)

50세 이상의 근로자들이 퇴직 후 10년 넘지 않은 기간을 파트타임이나 풀타임으로 하는 일

액티브시니어 (Active Senior)

적극적으로 은퇴생활을 즐기는 활기찬 연령층을 의미하는 것으로 시카고대학교 버니스 뉴가튼 교수가 제시한 개념이다. 뉴가튼 50~75세까지를 액티브시니어로 규정하고, 노인은 75세 이후를 의미한다고 했다. 액티브시니어의 특성으로는 경력, 경제력 및 왕성한 소비력을 갖춘 세대이다.

세대간이전가설 (Inter-generational transfer hyphothesis)

모든 생애에 걸쳐 효용을 주는 것으로 소비뿐만 아니라 상속도 포함돼야 한다는 가설

예시문제 – ○ × 문항

01. 일반적으로 주된 일자리에서 은퇴한 다음 일정 기간 브리지잡에 종사하다가 퇴직하는 과정을 거친다.

02. 은퇴에 대해 부정적인 인식이 많은 것은 충분한 준비를 하지 못했기 때문이다.

03. 은퇴설계란 금융 소득이 없는 은퇴 이후의 생활을 위해 필요한 자금과 각종 보장장치를 마련하기 위한 계획을 수립 실행하는 것이다.

04. 연금설계는 은퇴설계보다 더 큰 영역으로서 연금으로 안정적인 노후를 대비하는 전략을 수립하는 것이다.

05. 연금 자산을 모으는 적립단계와 연금자산을 바탕으로 노후 생활비를 활용하는 인출단계로 나눌 수 있다.

06. 생애주기가설은 개인의 일생에 있어서 경제활동이 왕성한 시기인 청장년기에는 저축을 하고 노년기에는 소비에 비해 저축이 작아 축적된 자산을 소비 사용하는 음의 저축을 하게 되는 과정에 초점을 맞춘 이론이다.

07. 노후생활비를 조달하는 원천은 크게 연금소득 자산소득 근로소득 금융소득으로 구분할 수 있다.

정답

01. (×) 일반적으로 주된 일자리에서 은퇴한 다음 일정 기간 브리지 잡에 종사하다가 퇴직하는 과정을 거친다.
02. (○)
03. (×) – 근로소득
04. (×) – 연금설계는 은퇴설계의 세부적인 영역임
05. (○)
06. (×) – 노년기에는 소비에 비해 소득이 작다.
07. (×) – 노후생활비를 조달하는 원천은 크게 연금소득 자산소득 근로소득 이전소득으로 구분할 수 있다.

08. 부족한 연금자산을 채우기 위한 전략 중 하나로서 계속 일을 해서 소득기간을 늘리는 방법이 있다.

09. 은퇴 이후에 가장 큰 도전을 시간 통제가 없어진 '막막한 자유'라고 할 수 있다.

10. 은퇴 이후 행복한 삶을 살기 위해서는 친구, 건강, 사회활동, 취미·여가, 부와 소득에 대한 균형된 준비가 필요하다.

🔒**정답**

08. (○)
09. (○)
10. (×) – 은퇴 이후 행복한 삶을 살기 위해서는 가족, 건강, 사회활동, 취미·여가, 부와 소득에 대한 균형된 준비가 필요하다.

예시문제-빈칸 채우기

01. (   )이란 50세 이상의 근로자들이 퇴직 후 10년이 넘지 않은 기간에 파트타임이나 풀타임으로 일하는 경우를 말한다.

02. 대부분이 (   )인 60세에 훨씬 못 미치는 49~50세 연령에 퇴직으로 몰리는 현실을 보여주고 있다.

03. 적극적으로 은퇴 생활을 즐기는 활기찬 은퇴자를 일컫는 (   )들이 급속히 늘고 있다.

04. 은퇴설계와 연금설계의 이론적 근거가 되는 대표적인 이론은 모디글리아니의 (   )과 세대간 (   )이다.

05. 노후에 필요한 월생활비는 (   )가 아니라 (   )를 기준으로 산정하면 무난하다.

예시문제-논술형

01. 빨라진 퇴직이 미치는 사회적 개인적 영향에 대해 기술하시오.
02. 은퇴에 대해 떠오르는 생각을 기술하시오.
03. 연금 설계의 프로세스에 대해 설명하시오.
04. 부족한 연금자산을 채우기 위한 전략에 대해 설명하시오.
05. 행복한 노후를 보내기 위해 재무적 준비 이외에 필요한 준비를 서술하시오.

정답

01. 브리지잡(bridge job)	02. 법정 정년
03. 액티브 시니어(active senior)	04. 생애주기가설, 이전 가설
05. 미래가치, 현재가치	

MEMO

학습개요

본 장에서는 연금제도의 발전 과정에서 나타나는 지속가
능성 문제를 살펴보고, 연금제도의 개혁 과정 및 방향을
살펴본다.

학습목표

연금 제도의 발전 과정에서 나타난 지속가능성 문제를
설명할 수 있다.
연금제도 개혁의 목적에 대해 설명할 수 있다.
모수적 개혁과 구조적 개혁의 차이 및 주요 특징을 설명
할 수 있다.
한국 연금제도의 발전 과정을 이해하고 향후 개선 방향
을 제시할 수 있다.

어떻게 연금제도를
개선할 것인가?

01 연금제도의 지속가능성

　　공적연금은 도시화, 산업화에 대한 정치적 대응으로 국민의 안정적인 노후 생활을 국가가 보장하여야 한다는 철학을 기반으로 탄생하였다. 1889년 독일의 비스마르크(Bismarck)에 의해 처음으로 도입된 이후 영국, 미국을 비롯한 주요 선진국에 순차적으로 도입되었다. 1940년~1970년대는 자본주의의 성장과 노동운동의 발전에 따라 공적연금이 본격적인 확장기를 거치게 된다. 이 시기에는 산업화로 인한 경제성장과 생산가능인구 증가로 노후소득보장 기능을 확대하면서도 지속 가능한 성숙한 제도로 발전한다. 그러나 1980년대 이후 저출산, 고령화 및 경제성장 둔화가 급속하게 진행되면서 이미 확장된 제도의 지속 가능성 문제에 직면하게 되며 지속 가능성 제고를 위한 연금개혁이 본격화 된다.

표 8-1　선진국의 공적 연금 발전 과정

연도	특 징
1880년~1930년	- 도입기
1940년~1970년	- 확장 및 성숙 ✔ 경제성장, 생산가능인구 증가 → 노후소득보장 강화 & 연금재정 안정
1980년~	- 연금개혁 추진 ✔ 저출산, 고령화, 경제성장 둔화 → 지속가능성 제고를 위한 연금개혁

　　저출산에 따른 생산가능인구 감소, 경제성장 둔화와 저금리는 연금제도의 수입 감소를 의미하고 기대수명의 증가로 인한 인구 고령화는 지출 증가를 의미한다. 부과방식의 연금은 현재 생산 활동 중인 세대가 기여하는 연금보험료 수입이 현재 은퇴 세대를 위한 연금급여로 지출된다. 인구의 지속적인 증가와 낮은 기대 수명이 특징인 경제환경에서 설계된

연금제도는 수급개시 연령을 낮게 유지하면서도 높은 수준의 급여 지출이 가능하였다. 반면 저출산에 따른 생산가능인구 감소와 기대수명의 증가로 인한 인구 고령화는 연금제도의 지속 가능성을 위협하게 된다. 또한 적립방식 연금제도에서 경제성장 둔화와 저금리는 적립된 자산의 투자 수익률을 제한하여 잠재적인 미래 연금자산의 규모를 축소하고 연금제도의 건정성을 위협하게 된다.

저출산, 고령화는 다양한 사회 및 경제적 제도에 영향을 미친다. 특히, 사회보험 형태로 운영되는 공적연금은 사적연금과 달리 세대 내 재분배 기능과 함께 세대 간 형평성의 유지가 중요하다. 그러나 저출산, 고령화 문제는 세대 간 형평성을 악화시킨다. 연금급여 수준이 고정되어 있다고 가정하면, 저출산, 고령화로 생산가능인구가 감소하고 연금수급자가 증가할 경우 미래 세대의 보험료율이 증가하기 때문이다.

재정적 문제와 함께 사회경제적 변화도 연금제도의 변화를 요구하고 있다. 초기 연금제도는 자녀와 배우자를 책임지는 일하는 남편의 모델을 기반으로 설계되었다. 높은 여성 노동력 참여, 높은 이혼율 등 가족 구조의 변화는 100년 이상 거슬러 올라가는 연금제도 설계의 변화를 요구한다. 이러한 변화는 연금제도를 초기에 도입한 선진국에서 두드러지지만, 개발도상국에서도 점차 변화가 나타나고 있다.

세계화, 자동화 및 인구 통계학적 변화는 노동 시장을 빠른 속도로 변화시켜 자영업, 시간제 근로, 임시 고용 등 비정규 노동의 증가로 이어지고 있다. 비정규직 근로자는 정규직 근로자보다 수입이 적고 실업 위험이 높은 경우가 일반적이다. 대부분의 연금제도가 안정적인 경력을 바탕으로 하고 있는 정규직을 전제로 하여 구축되었기 때문에 새로운 형태의 근로 형태를 고려한 포괄적이고 조화로운 연금 제도가 요구된다. 정규직과 비정규직 간의 격차를 완화하고 직업 유형 간 노동 이동성을 촉진하는 방향으로 연금제도의 변화가 필요하다.

02 ▸ 연금개혁의 방향: 모수적, 구조적

연금개혁의 주요 목표는 다음 네 가지로 요약할 수 있다.

- 보편성 확대
- 적절한 수준의 급여 보장
- 지속 가능성 확보
- 경제적 효율성 제고

보편성 확대는 연금 제도의 적용 범위를 확대하고 사각지대를 해소하는 것이다. 공적연금의 지속 가능성이 의문시되면서 최근에는 주로 사적연금을 통해서 보편성을 확대하고 있다. 적절한 수준의 급여 보장은 최소한 빈곤 퇴치를 위한 수준 이상으로 급여 수준을 인상하는 것이다. 많은 국가에서 기초연금의 도입 및 기초연금 급여 수준의 확대를 통해 노후소득 안전망을 강화하였다. 다음으로 지속 가능성 확보다. 연금제도가 안고 있는 가장 큰 장기적 과제는 지속 가능한 연금을 계속 제공하는 것이다. 저출산, 고령화, 경제성장 둔화 등의 환경을 맞아 공적연금의 지속 가능성 제고가 연금개혁의 가장 중요한 목표로 자리잡고 있다. 마지막으로 경제적 효율성 제고이다. 연금제도 도입이 저축, 노동공급 등 개인의 경제적 활동에 대한 왜곡을 최소화하고 경제적 효율을 제고하는 방향으로 연금개혁을 추진하여야 한다. 연금개혁의 네 가지 목표는 상호간에 시너지 효과를 나타내는 경우도 있으나 상충된 효과를 보이는 경우도 있다. 예를 들어, 급여수준의 상승은 급여의 적정성을 개선하지만 재정적 지속 가능성을 악화시킨다. 성공적인 연금개혁을 위해서는 상충된 목표에 대한 균형과 조절이 필요하다.

연금개혁의 방식은 모수개혁과 구조개혁으로 구분된다. 모수개혁은 기존의 체제를 유지한 상태에서 일부 모수(parameter)만을 조정하는 방식

그림 8-1　**연금개혁의 방식**

모수적 개혁		구조적 개혁
기존 제도 유지		기존 제도의 틀을 바꿈
• 가입자의 보험료 인상 • 연금수급 개시 연령 상향 조정 • 연금급여 축소	연금개혁	• 확정급여형(DB)에서 확정기여형(DC)으로 전환 • 저소득 계층 보장 강화 • 사적연금의 역할 확대

이다. 반면 구조적 개혁이란 연금의 틀 자체를 재편해 문제점을 해결하는 것을 말한다. 각국이 처한 제도적 상황이나 선택된 대안의 실현 가능성을 기준으로 연금개혁의 방향을 선택해야 한다.

1. 모수적 개혁

　모수개혁은 대부분 보장성을 낮추는 방향으로 진행되었는데, 보험료율, 연금 수급개시연령, 급여수준 등의 변수를 조정하는 방식으로 진행되었다.

- 가입자의 보험료 인상
- 연금수급 개시 연령 상향 조정
- 연금급여 축소

　선진국 공적연금은 제도 도입 초기 상당 기간 동안 보험료율을 매우 낮게 유지하였다. 제도 초기에는 가입자 대비 수급자가 적어 낮은 보험료율로도 제도 유지가 가능하였다. 이후 제도의 보편성확대, 급여수준의 상승, 수급자수 증가 등의 요인에 따라 연금제도의 지속가능성을 제고하기 위해 보험료율을 지속적으로 인상하였다.

연금수급 개시연령의 상향조정도 많은 국가들이 택하고 있는 모수개혁 방식이다. 2년마다 발간되는 OECD 자료에 의하면 2020년 기준 OECD 평균 연금수급 개시연령은 2020년 기준 64.2세에서 향후 66.1세로 상향 조정될 예정이다.[1)]

연금급여 축소를 통한 재정 부담 완화 방안은 일반적으로 급여의 직접 감액 보다는 급여연동방식(임금상승 또는 물가) 변경, 급여 산식의 조정 등의 간접적인 방식을 활용한다. 보통 물가상승률이 임금상승률보다 낮으므로 연금액을 조정할 때 기존 임금 대신 물가와 연동하는 급여연동방식으로의 변경은 상대적으로 급여를 인하하는 효과를 지닌다. 급여 계산기준을 생애 최고 소득에서 생애 평균소득으로 수정하는 방식도 사실상 급여 인하 효과를 지닌다.

2. 구조적 개혁

구조적 개혁이란 연금제도 틀 자체를 재편하는 것이다. 대표적인 구조적 개혁방식은 다음과 같다.

- 확정급여형(DB)에서 확정기여형(DC)으로 전환
- 저소득 계층 보장 강화
- 사적연금의 역할 확대

첫째, 확정급여형(DB)에서 확정기여형(DC)으로 전환하는 방식으로 구조적 개혁이 진행되고 있다. 전통적으로 공적연금은 노후소득보장의 안정성을 위하여 부과방식의 확정급여형 중심으로 발전해 왔다. 인구가 빠르게 성장하고 경제도 성장하는 시기에는 순조롭게 확정급여제도를 운영할 수 있었다. 부과방식의 확정급여형 제도는 연금제도에 기여하지 않은 은퇴자에게도 연금 혜택을 제공할 수 있다는 장점이 있다. 하지만 연

---

1) OECD, Pension at Glance 2021.

금재정의 지속가능성이 도전을 받자 연금 급여가 개인의 소득(보험료)에 직접적으로 연계되는 확정기여형 방식으로 전환되는 추세에 있다.

대표적 사례는 전통적 공적연금의 원칙을 포기한 칠레식 민영화 방식으로 급여 체계를 확정급여 방식에서 확정기여 방식으로 전환하고 재정방식을 부과방식에서 적립방식으로 바꾸며 관리 운영에 사적 부분을 포함시키는 것이었다.

다른 형태의 사례로는 스웨덴 등의 국가에서 도입한 명목확정기여(NDC; notional defined contribution) 방식을 들 수 있다. NDC 제도는 재정방식은 부과방식이나, 확정기여형으로 운영되는 제도이다. 즉, 재정방식은 부과방식으로 현재 근로 세대의 보험료는 현재 수급자의 연금 급여로 지출된다. NDC 제도에서 적립금은 개인이 정해진 기여율로 보험료를 납부함에 따라 각자의 연금 계정에 가상의 적립액이 누적되고 이자는 GDP 성장률 및 임금인상률 등을 고려한 명목 이자율로 계정에 적립된다. 그러나 실제로 기여한 보험료가 계좌에 적립되는 것은 아니며, 명목상으로만 기재되는 방식으로 적립된 명목상의 금액은 자본시장에 투자될 수 없다. NDC 제도에서의 연금 급여액은 일반적으로 개인이 근로기간 동안 적립한 총 적립액을 은퇴 시 사망률, 기대여명, 미래 연금액 할인에 사용되는 이자율 등의 요소로 반영하여 산출하며, 이렇게 결정된 연금액은 경제성장률에 따라 계속 조정된다. 즉, 경제상황과 인구상황에 연금급여가 자동으로 연동되는 것이다. NDC는 연금재정의 지속가능성을 위해 인구, 경제 등 사회경제적 환경의 변화를 자동으로 연금재정에 반영하는 자동조정장치(automatic adjustment mechanisms)를 도입한 대표적인 제도이다. 자동조정장치는 연금 시스템이 변경될 때마다 긴 정치적 논쟁에 휘말리는 것을 피할 수 있다. 이는 정치적으로 민감한 연금개혁을 순조롭게 진행하기 위한 탈정치화로도 이해될 수 있다.

둘째, 저소득 계층 보장을 강화하는 방식으로 구조적 개혁이 진행되고 있다. 재정안정화를 위해 전반적으로 공적연금의 보장수준을 하향하면 노후소득보장의 위험에 처할 가능성이 높은 집단은 저소득층이다. 보편적 기초연금의 도입 및 확대, 저소득, 저연금자 대상의 최저연금 도입 및 확대 등을 통한 취약계층의 노후소득보장 강화가 요구된다.

셋째, 사적연금의 역할 확대이다. 부과방식 공적연금을 축소하고 다양한 사적연금을 확대시켜 공적연금의 공백을 보충하고자 하였다. 각국은 사적연금 보험료에 대한 세제 지원이나 직접적인 지원을 통해 사적연금을 중하위층까지 확대하는 전략을 취했다.

03 연금정치와 한국의 연금개혁

연금정치란 연금개혁을 위해서 국민적 관심을 공론화하고 국민적 합의를 도출하는 정치적 여론형성 과정을 말한다. 연금수리, 연금재무, 연금경제, 사회복지학 등 각 분야별 전문가 중심 논의에서 국민적 논의의 장으로 확대 개방하고 활성화하는 정부의 노력이 필요하다. 선진국의 연금개혁 과정을 보면 논리나 정당성보다는 사회세력 간에 힘의 분포에 의해 결정되는 경우가 많이 발생한다. 한국에서도 연금개혁의 논의가 활발하게 진행되고 있지만 급속한 인구 고령화가 진행되고 있는 현실에서 고령자의 표를 의식하지 않고 연금개획을 추진하기에는 정치적 부담이 크다. 개혁의 강도와 개혁을 실현하는데 소요되는 시간 등을 고려하여 경제적 파급효과를 최소화하는 방향으로 정반합의 논의 과정을 거쳐 국민적 합의를 도출하는 방안이 필요하다.

그림 8-2 **연금정치**

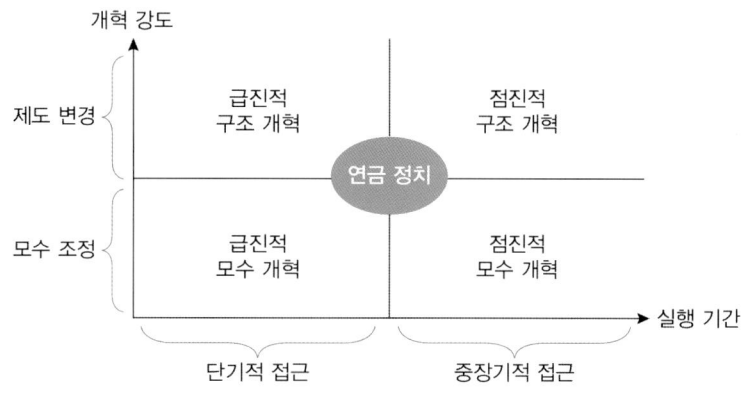

한국은 국민의 안정적인 노후 소득보장을 위해 공·사연금 제도를 발전시켜 왔음에도 불구하고 국민에게 노후생활에 필요한 노후소득을 충분히 제공하지 못하고 있다. 부족한 노후 대비로 한국의 노후 취업률이 OECD 회원국 중 매우 높은 수준을 보이고 있음에도 불구하고 한국의 노인 빈곤율이 OECD 회원국 중 매우 높은 수준을 보이는 것이 한 예라고 할 수 있다. 따라서 노인빈곤율을 획기적으로 낮추고 국민에게 은퇴 이후 안정적인 생활을 영위할 수 있는 노후소득을 보장하기 위해서는 지속적인 제도 개선이 요구된다.

표 8-2 **노인 빈곤율과 취업률**

구 분	한국	미국	일본	영국	스웨덴	OECD 평균
노인빈곤율 (중위소득 50% 이하)	43.4%	23.1%	20.0%	15.5%	11.4%	13.1%
노인취업률 (65~69세)	48.6%	30.5%	49.6%	23.9%	25.5%	22.9%
기대수명	83.3세	78.9세	84.4세	81.4세	83.2세	81.0세

자료: OECD(2021) 'Pension at a Glance 2021', 'Health at a Glance 2021'

2022년 9월 발간된 OECD 한국 연금제도 검토보고서에 따르면, 한국 연금제도는 국민연금 도입 이후 두 차례의 연금개혁을 실시하고, 다층노후소득보장체계를 구축하는 등 발전이 있었으나, 인구구조 변화 등으로 연금개혁이 필요하며, 재정적 지속가능성을 강화하는 동시에 노후소득보장 수준을 높여야 한다고 권고하였다.

📊 표 8-3   OECD 공적연금 개선 주요 권고 사항

- 국민연금 보험료율을 가능한 빨리 합리적인 수준으로 인상
- 60세 이후에도 보험료 납부를 지속할 수 있도록 의무가입연령 상향
- 공적연금 제도를 하나로 통합하여 직역간 불평등 해소 및 행정비용 절감
- 기준소득월액 상한을 인상하여 급여 인상에 기여
- 조세지원을 통해 연금제도 내 재분배 요소 확보
- 소득파악 역량 향상을 통한 사각지대 해소
- 은퇴연령과 기대수명 간 연계 강화
- 소득활동에 따른 감액 완화
- 실업 및 출산 크레딧 확대

자료: OECD(2022), OECD Reviews of Pension Systems: Korea.

한국의 연금개혁은 다른 선진국들과 달리 재정건전성 뿐 아니라 급여 적정성, 보편성 등 보장성 부분까지도 함께 고려해야 하기 때문에 더욱 어려운 문제이다. 한국의 연금개혁을 논의함에 있어 그 목표를 무엇에 둘 것인가를 분명히 할 필요가 있다. 논의 수준을 모수적 개혁에 한정하지 말고 구조적 개혁에 대한 논의도 같이 필요하다. 특히 기초연금과 국민연금과의 역할 분담이 명확하게 이루어져야 하며 이것이 분명해져야 퇴직연금을 비롯한 사적연금의 기능도 분명히 할 수 있을 것이다. 이에 더해서 연금재정의 문제는 연금제도만의 문제가 아니라 노동시장 개혁과도 연결되어야 한다. 연금재정을 해결하는 효과적인 방법 중 하나인 정년연장은 연공형 임금체계와 기업문화, 청년 일자리 문제와 함께 고려되어야 할 사안이기 때문이다.

1. 공적연금 제도의 개선

1988년 도입된 한국의 공적연금인 국민연금은 지속가능성과 보장성 확대라는 상반된 두 과제를 함께 지니고 있다. 전 세계적인 공적연금의 지속가능성 위기 논의 속에서 급여수준과 수급개시 연령의 조정을 핵심으로하는 개혁을 실시하였다. 국민연급법에 의하면 연금보험로, 급여액, 급여의 수급 요건 등은 국민연금의 장기재정균형 유지, 인구구조의 변화, 국민의 생활수준, 임금, 물가, 그 밖에 경제사정에 뚜렷한 변동이 생기면 그 사정에 맞게 조정 되도록 규정하고 있다.

> 국민연금법 제4조(국민연금 재정 계산 및 장기재정균형 유지) ① 이 법에 따른 급여 수준과 연금보험료는 국민연금 재정이 장기적으로 균형을 유지할 수 있도록 조정(調整)되어야 한다.
> ③ 이 법에 따른 연금보험료, 급여액, 급여의 수급 요건 등은 국민연금의 장기재정균형 유지, 인구구조의 변화, 국민의 생활수준, 임금, 물가, 그 밖에 경제사정에 뚜렷한 변동이 생기면 그 사정에 맞게 조정되어야 한다.

1998년 제1차 제도 개혁을 통해 소득대체율을 40년 가입자 기준, 70%에서 60%로 인하하였다. 수급개시연령을 60세에서 2013년부터 2033년까지 5년마다 1세씩 단계적으로 상향 조정하여 65세로 조정한다. 5년 주기로 국민연금 미래 재정을 추계하는 국민연금 재정계산제도가 도입되었다.

20007년 제2차 제도개혁이 실시되었다. 2차 제도개혁의 주요 내용은 소득대체율을 2008년에 50%로 낮춘 후 2028년까지 40%로 삭감하되, 기초연금제도를 도입하는 것이다. 기초연금제도는 국민연금사각지대 해소, 노인인구의 빈곤문제 완화뿐만 아니라 축소된 국민연금의 소득대체율을 보완하기 위한 목적으로 도입되었다. 한국의 연금제도는 소득대체율을 감소시키는 1차, 2차 두 차례의 모수개혁과 기초연금을 도입한 구조

표 8-4 **국민연금 제도개혁**

	제1차 국민연금 개혁(1998년)	제2차 국민연금 개혁(2007년)
소득대체율	국민연금 소득대체율 인하 70% → 60%	국민연금 소득대체율 인하 60%(2007) → 50%(2008) → 40% (~2028)
수급연령	연금지급 개시연령 5년마다 1년씩 상향 60세 → 65세(2013년~2033년)	연금지급 개시연령 5년마다 1년씩 상향 60세 → 65세(2013년~2033년)
보험료	보험료율 9% 유지	보험료율 9% 유지
기타 주요 사항	5년 주기로 국민연금 미래 재정을 추계하는 재정계산제도 도입	기초연금도입

개혁에도 불구하고 적정한 급여수준의 달성, 장기 지속 가능성 확보 측면에서 지속적인 제도 개혁이 요구되고 있다.

국민연금에서 장기 지속 가능성이 문제가 되는 주요 원인은 수지불균형이다. 선진국 공적연금은 대부분 현재 가입자 기준으로 수지균형을 어느 정도 달성한 상태에서 인구고령화 및 경제적 변수 변화에 따른 지속가능성을 도모하고 있다. 부과방식 재정에서는 인구 고령화가 지속가능성에 직접적 영향을 미치지만, 부분 적립 방식인 국민 연금은 인구고령화 이전에 제도 내부에 상당한 수지불균형 문제가 존재한다. 급여에 비해 보험료 수준이 상당히 낮고 이것이 누적되어 미래 세대로 갈수록 재정 부담이 커지는 구조이다. 여기에 저출산으로 가입자까지 감소할 전망이어서 미래 세대가 감당해야 할 보험료율 수준은 더욱 높아진다.

국민연금의 지속가능성을 확보하기 위해서는 보험료율을 높이거나 소득대체율을 낮춰 수지균형을 맞추어야 한다. 그러나 제도의 지속가능성을 담보하지 못하는 고급여·저부담의 관대한 구조에도 불구하고 적정한 급여수준의 달성은 요원하다. 제도의 적용과 보험료 납부에서 발생하는 폭넓은 사각지대로 인해 실질적인 소득대체율은 목표 소득대체율에 대비해서도 크게 낮은 수준에 있다.

2. 사적연금 제도의 개선

공적연금의 재정적 지속가능성에 대한 이슈와 함께 사적연금의 중요성이 더 부각되고 있다. 노후소득보장 체계 중 사적연금에 해당하는 퇴직연금, 개인연금 등으로 공적연금 소득 이외 소득원천을 다양하게 확보할 필요성이 있다.

퇴직연금은 근로자들의 노후소득을 대비하기 위한 제도이다. 2005년 근로자퇴직급여보장법이 제정되어, 기존에 시행되고 있던 퇴직금제도에 퇴직연금을 더한 퇴직급여 제도가 시행되었다. 2010년부터는 전 사업장에 대하여 퇴직급여 제도를 적용하도록 대상을 확대하면서 가입자는 증가하는 추세이나, 아직까지 노인 세대의 빈곤을 방지하기에는 크게 미흡하다. 퇴직연금은 민간부문에서 관리되기에 사적 연금으로 분류되지만 상시노동자에게 모두 적용되는 법정 의무연금이며 기여율도 월 8.33% 이상으로 낮은 수준이 아니다. 개인연금도 퇴직연금과 같이 확대되는 추세이나, 여전히 현 노인세대의 빈곤 감소에는 한계가 있으며, 노후대비 수단으로서의 기능이 여전히 미흡하다. 사적연금이 실질적인 다층연금제도로 자리 잡기 위한 다양한 개혁이 필요하다.

 참고

OECD, 한국에 권고 "국민연금 내는 돈 빨리 인상하고, 60세 이상도 내라"

경제협력개발기구(OECD)가 20일 한국에 저출산·고령화를 고려해 국민연금에 국민들이 내는 돈(보험료)을 "가능한 빨리 합리적인 수준으로 인상하라"고 권고했다. 60세 이후에도 보험료를 내도록 제도를 고쳐야 한다고도 했고, 고소득자가 지금보다 더 많은 보험료를 내도록 해야 한다고도 했다. 보건복지부는 OECD가 이 같은 내용을 담은 '한국 연금제도 검토보고서(OECD Reviews of Pension System: Korea)를 발간했다고 밝혔다. OECD는 한국의 연금제도에 대해 "인구구조 변화로 연금개혁이 필요하다"며 "재정적 지속 가능성을 강화하고, 동시에 노후 소득보장 수준을 높여야 한다"고 조언했다. OECD는 이 같은 한국 상황에서 국민연금에 대해 "보험료율을 가능한 빨리 합리적인 수준으로 인상해야 한다"며 "60세 이후에도 보험료 납부를 지속할 수 있도록 의무가입연령을 상향해야 한다"고 권고했다. 국민연금 보험료율은 24년째 9%를 유지하고 있다. 국민연금 의무납입 연령은 59세까지다. 그 뒤에는 소득이 있더라도 국민연금 보험료를 내지 않는다. 또 더 많은 보험료를 걷을 수 있도록 OECD는 "기준소득월액 상한을 인상해 급여 인상에 기여하라"고 권고했다. 현재 국민연금 보험료 산정 기준 기준소득월액 상한액은 월 553만원이다. 국민연금 보험료는 소득에 비례해 높아지지만, 월 553만원 이상의 소득이 있더라도 더 많이 보험료를 내지 않는다. 이 기준선을 높여, 더 많이 보험료를 걷어 재원을 마련해 '주는 돈'을 높이자는 게 OECD의 의견이다.

[조선일보, 2022.09.2., 「OECD, 한국에 권고 "국민연금 내는 돈 빨리 인상하고, 60세 이상도 내라"」 기사 일부 발췌]

학습내용정리

- 공적연금제도는 산업화로 인한 경제성장과 생산가능인구 증가를 바탕으로 보장성을 확대하면서도 재정적 지속가능성을 확보한 성숙한 제도로 발전되어 왔다.

- 저출산, 고령화, 경제성장 둔화로 연금제도가 안고 있는 가장 큰 장기적 과제인 지속가능성 측면에서 심각한 문제에 직면하게 되었다.

- 연금제도 개혁의 목표로는 보편성 확대, 적절한 수준의 급여 보장, 지속가능성 확보, 경제적 효율성 제고 등이 있다.

- 연금개혁의 유형은 크게 모수적인 개혁과 구조적인 개혁으로 구분된다. 모수개혁은 기존의 체제를 유지한 상태에서 일부 변수만을 조정하는 방식이며, 구조적 개혁은 연금의 틀 자체를 재편해 문제점을 해결하는 것이다.

- 모수개혁은 보호료율, 연금 수급개시연령, 급여수준 등의 변수를 조정하여 보장성을 낮추는 방식으로 진행되었다.

- 연금재정의 지속가능성이 도전을 받자 부과방식 확정기여형 제도에서 연금 급여를 개인의 소득(보험료)와 직접적으로 연계하는 확정기여형 방식으로 연금개혁이 추진되고 있다.

- 명목확정기여(NDC; notional defined contribution) 제도의 재정방식은 부과방식이나, 확정기여형 방식으로 운영된다. 현재 근로 세대의 보험료는 현재 수급자의 연금 급여로 지출되며, 적립금은 개인이 정해진 기여율로 보험료를 납부함에 따라 각자의 연금 계정에 가상의 적립액이 누적되고 이자는 GDP 성장률 및 임금인상률 등을 고려한 명목 이자율로 계정에 적립된다.

- 한국은 1988년 국민연금 도입을 시작으로, 1994년 개인 연금, 2005년 퇴직연금, 그리고 2014년에는 보편적 성격의 기초연금을 도입함으로써 다층노후소득 보장체계를 갖추게 되었다.

- 부분 적립 방식인 국민 연금은 제도 내부에 상당한 수지불균형 문제가 존재한다.

- 공적연금의 재정적 지속가능성에 대한 문제가 발생하면서 사적연금에 해당하는 퇴직연금, 개인연금을 통해 노후 소득원천을 다양하게 확보할 필요성이 대두되고 있다.

학습 용어 정리

구조적 개혁(structural reform)

연금 제도의 구조를 변경하고 제도의 기능 및 역할을 변화시키는 방식의 연금 개혁

명목확정기여(notional defined contribution)

부과방식으로 운영됨에 따라 실제 기금이 적립되지는 않으나 연금가입자의 보험료가 개인별 명목계정에 가상으로 귀속되고 그 가상 금액에 시장평균 이자율, 경제성장률 등 국가가 일정한 방식에 의해 정한 이자를 더해 연금이 산정되는 재정방식

모수적 개혁(parametric reform)

기존 연금제도의 틀을 유지한 상태에서 보험료율, 소득대체율, 수급개시연령 등 직접적으로 관련 수치를 조정하는 방식의 연금개혁

자동조절장치(automatic adjustment mechanisms)

연금재정의 지속가능성을 위해 인구, 경제 등 사회경제적 환경 변화를 반영하여 연금 수급액과 수급 연령 등을 자동으로 조절하는 장치

예시문제-○×문항

01. 적립방식 연금제도에서 경제성장 둔화와 저금리는 적립된 자산의 투자 수익률을 제한하여 잠재적인 미래 연금자산의 규모를 축소하고 연금제 도의 건정성을 위협하게 된다.

02. 저출산, 고령화 문제는 공적연금의 세대 내 형평성을 악화시킨다.

03. 1980년대 이후 주요 연금 선진국들은 공적 연금을 통하여 연금제도의 보편성을 확대하고 있다.

04. 저출산, 고령화, 경제성장 둔화 등의 환경을 맞아 공적연금의 지속가능성 제고가 연금개혁의 가장 중요한 목표로 자리잡고 있다.

05. 연금개혁은 크게 모수적개혁과 구조적 개혁으로 구분한다.

06. 연금급여 축소를 통한 재정 부담 완화 방안으로 직접적인 급여의 감액 방식이 주로 활용되고 있다.

07. 연금재정의 지속가능성이 도전을 받자 확정기여형(DC) 방식에서 확정급 여형(DB) 방식으로 전환되는 추세에 있다.

정답

01. (○)
02. (×) – 세대간 형평성을 악화시킴
03. (×) – 공적연금의 지속 가능성이 의문시되면서 사적연금을 통해 보편성 확대 추구
04. (○)
05. (○)
06. (×) – 급여연동방식 변경, 급여 산식 조정 등의 간접적인 방식을 활용
07. (×) – 연금 급여가 개인의 소득(보험료)에 직접적으로 연계되는 확정기여형(DC) 방식으로 전환되는 추세

08. 명목확정기여(NDC)방식 연금에서 이자는 자본시장에 투자된 투자 수익률에 따라 적립된다.

09. 한국의 국민연금은 1998년 1차 제도 개혁을 통해 수급개시연령을 60세에서 2013년부터 2033년까지 5년마다 1세씩 단계적으로 상향 조정하여 65세로 조정하였다.

10. 한국의 국민연금은 부분 적립 방식으로 설계되어 제도 내부에 상당한 수지불균형 문제가 존재한다.

정답
....

08. (×) - GDP 성장률 및 임금인상률 등을 고려한 이자율을 명목상으로만 계정에 기재

09. (○)

10. (○)

예시문제-빈칸 채우기

01. 사회보험 형태로 운영되는 공적연금은 사적연금과 달리 (   ) 재분배 기능과 함께 (   ) 형평성의 유지가 중요하다.

02. 연금개혁의 유형 중 (   )은 기존의 체제를 유지한 상태에서 일부 변수만을 조정하는 방식이며, (   )은 연금의 틀 자체를 재편해 문제점을 해결하는 것이다.

03. 명목확정기여(NDC; notional defined contribution) 제도는 인구, 경제 등 사회경제적 환경의 변화를 자동으로 연금재정에 반영하는 (   )를 도입한 대표적인 제도이다.

04. 한국의 국민연금은 40년 가입자 기준 (   )을 1998년 1차 제도 개혁을 통해 70%에서 60%로 인하하였으며, 2007년 2차 제도 개혁을 통해 2008년에 50%로 낮춘 후 2028년까지 40%로 단계적으로 인하한다.

05. 연금개혁을 위해서 국민적 관심을 공론화하고 국민적 합의를 도출하는 정치적 여론 형성 과정을 (   )라고 한다.

정답

01. (세대 내), (세대 간)
02. (모수적 개혁), (구조적 개혁)
03. (자동조절장치)
04. (소득대체율)
05. (연금정치)

예시문제-논술형

01. 연금제도 개혁의 4가지 목표를 설명하시오.

02. 모수적 개혁과 구조적 개혁의 특징을 설명하시오.

03. 명목확정기여(NDC) 연금제도를 설명하시오.

04. 기대수명과 수급개시연령을 연결하는 방법이 재정적 지속 가능성을 개선하는 메커니즘에 대해 설명하시오.

05. 연금재정을 해결하는 효과적인 방법 중 하나인 정년연장에 대해 부정적 시각과 긍정적 시각으로 구분하여 설명하시오.

찾아보기

찾아보기

참고문헌

강영선·민주영, 퇴직연금 고수되기, 한국경제신문, 2023.

류건식·강성호·김동겸, 퇴직연금제도의 이해, 보험연구원, 2022.

민주영·우재룡, 「오늘부터 준비하는 행복한 100년 플랜」, 삼성생명 은퇴총서, 2012.

박지순·성주호·김성일, 근로자퇴직급여보장법 해설, 신조사, 2015.

배준호·김상호·김재현·김헌수·류건식·오영수·이봉주·이순재, 내 연금이 불안하다, 책과나무, 2020.

백만기·이근혁·권대홍, 「은퇴설계」, 한국FPSB, 2010.

성주호, 최신 연금수리학, 법문사, 2021.

최성재·장인협, 「고령화 사회의 노인복지학」, 서울대학교 출판문화원. 2010.

Marc Freedman, 「Encore」, Perseus Book Group, 2007.

William Sadler, 「The Third Age: Six Principles of Growth and Renewal After Forty」, Perseus Publising, 2001.

성주호

현) 경희대학교 경영대학 교수
Cass Business School, University of London, 금융보험학 박사

강영선

현) 쿼터백그룹 연금연구소 소장
경희대학교 대학원 경영학 박사

민주영

현) 신영증권 연금사업부 담당 이사
경희대학교 대학원 경영학 박사

박준범

현) 성균관대학교 겸임교수
경희대학교 대학원 경영학 박사

정도영

현) 한양대학교 ERICA 경상대학 조교수
경희대학교 대학원 경영학 박사

알기 쉬운 연금학

2024년 1월 10일   제1판 인쇄
2024년 1월 20일   제1판 1쇄 발행

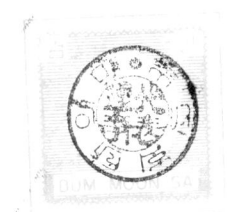

저 자 성 주 호 외 4명
발행인 배   효   선

발행처 도서출판 法 文 社

주 소 10881 경기도 파주시 회동길 37-29
등 록 1957년 12월 12일 / 제2-76호 (윤)
전 화 (031)955-6500~6 FAX (031)955-6525
E-mail (영업) bms@bobmunsa.co.kr
       (편집) edit66@bobmunsa.co.kr
홈페이지 http://www.bobmunsa.co.kr
조 판 광   진   사

정가 19,000원   ISBN 978-89-18-91461-9